闫 飞 编著 棒棒堂 绘
全景图解中国史
QUANJINGTUJIEZHONGGUOSHI
· 历史恢宏壮丽
· 知识全面丰富
· 人物具象幽默
· 色彩艳丽鲜明
SPM 南方传媒
广东人民出版社
· 广州 ·

**图书在版编目（CIP）数据**

全景图解中国史 / 闫飞编著；棒棒堂绘．—广州：广东人民出版社，2023.8

ISBN 978-7-218-16761-9

Ⅰ．①全… Ⅱ．①闫… ②棒… Ⅲ．①中国历史—少儿读物 Ⅳ．①K209

中国国家版本馆 CIP 数据核字（2023）第 144237 号

QUANJING TUJIE ZHONGGUOSHI

全景图解中国史

闫　飞　编著　　棒棒堂　绘



**出 版 人：**肖风华

**责任编辑：**马妮璐
**责任技编：**吴彦斌　周星奎
**装帧设计：**棒棒堂

**出版发行：**广东人民出版社
**地　　址：**广州市越秀区大沙头四马路 10 号（邮政编码：510199）
**电　　话：**（020）85716809（总编室）
**传　　真：**（020）83289585
**网　　址：**http://www.gdpph.com
**印　　刷：**天津海德伟业印务有限公司
**开　　本：**1000mm×1094mm　1/12
**印　　张：**8　　**字　　数：**20 千
**版　　次：**2023 年 8 月第 1 版
**印　　次：**2023 年 8 月第 1 次印刷
**定　　价：**168.00 元

**如发现印装质量问题，影响阅读，请与出版社（020-85716849）联系调换。**
**售书热线：（020）87716172**

# 目录

全景图解中国史

# 全景图解中国史

# 目录

# 远古

**距今约 300 万年前—公元前 2070 年**

代表人物：炎帝、黄帝、尧、舜、禹。

**黄帝**

少典之子，姬姓，号轩辕氏、有熊氏，是中原各族共同的祖先，为五帝之首。

**炎帝**

姜姓部落的首领，号烈山氏，一说是神农氏，曾与黄帝在阪泉发生过战争，后联手对付蚩尤。

**伏羲（xī）氏**

中国古代传说中人类的始祖之一，教人们渔猎畜牧。相传八卦、针灸等都是伏羲氏发明的。

**夸父逐日**

《山海经·海外北经》记载，夸父追赶太阳，最终力竭而亡。

**仓颉（jié）造字**

仓颉是黄帝手下的史官，相传是他创造了最原始的文字。

**嫘（léi）祖养蚕**

嫘祖是黄帝的元妃，传说她带领人们养蚕缫（sāo）丝。

**羿（yì）**

尧（yáo）在位时，天上出现了十个太阳，羿拉弓射下九个太阳，挽救了众生。

**燧（suì）人氏**

传说古人如野兽般茹毛饮血，而燧人氏发明了钻木取火，教人食用熟食。

**氏族过渡**

远古时期伊始，人类是母系氏族社会；远古时期后期，逐渐过渡到父系氏族。

**进化**

经历漫长的远古时期，人类从旧石器时代过渡到了新石器时代，从直立人进化成智人。



- 约 300 万年前：有的古猿能直立行走，并会制作工具，后进化为直立人。
- 约 170 万年前：在云南省元谋县，元谋人已经学会制造工具，知道使用火。
- 70 万—20 万年前：北京人群居生活，能熟练地使用天然的火。
- 约 20 万年前：直立人进化为早期智人。
- 约 5 万年前：早期智人进化为晚期智人，即现代人。
- 约 3 万年前：山顶洞人已掌握钻孔技术和磨制技术。

**天干地支**

简称“干支”，最初是人们用来纪日的工具，后来人们也用其纪年，现在农历年份仍然沿用干支纪年法。

**禅让制**

禅让制是指远古时期的部落首领在活着的时候把首领位置让给别人的一种制度，例如尧将位置禅让给舜（shùn）。

**人面鱼纹彩陶盆**

出土自半坡遗址，是远古时期的一件陪葬器具，做工非常精致。

**筷子**

传说，大禹在治水过程中，为了节省吃饭的时间，折了两根树枝捞热食，后来这种工具逐渐流行起来。

**玉琮（cóng）**

古人祭祀用的礼器。良渚文化中的玉琮体量最大，造型也最为精美。

**陶鹰鼎**

仰韶文化的典型陶器，不仅能作为盛载酒水的容器，还是一件精美的艺术品。

**耒（lěi）耜（sì）**

远古时期的农具，传说是神农氏发明的，主要用来翻土和播种。

**骨哨**

远古时期的人们发明的一种乐器，主要用来模仿动物的叫声从而诱捕猎物。

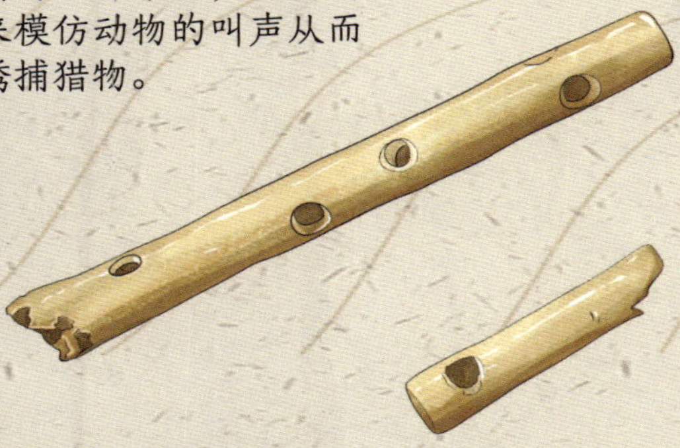

**玉龙**

红山文化的代表，是人类发现比较早的以龙的形象为基础制成的玉器。

**独木舟**

远古时期，人们已经开始制作独木舟，用来渡水。

- 约 1.2 万年前：人类开始畜养牲畜、种植粮食。
- 约 1 万年前：人类进入新石器时代。
- 约 8000 年前：母系氏族公社进入繁荣期。
- 约 7000 年前：长江流域的河姆渡母系氏族已经学会建造干栏式的房子、制作陶器与玉器。
- 约 6000 年前：黄河流域的半坡部落学会运用耒耜来耕地。

# 远古大事记

## 一、进入石器时代

原始社会的人们为了从事生产活动，最初利用天然石块作为工具。后来逐渐学会采用不同的打制方法将石块制成不同类型的工具，人类进入了石器时代。

## 二、盘古开天

传说中，盘古生在天地混沌之时，出生后就开始开天辟地。那时，天每天高一丈，地每天厚一丈，盘古每天长一丈，这种变化持续了一万八千年。

## 三、共工怒触不周山

共工与五帝之一的颛（zhuān）顼（xū）争夺帝位，但最后失败了。一气之下，他撞倒了不周山，使天地失衡。

## 四、女娲补天

共工撞倒不周山后，支撑天地的4根柱子倒了，大地崩裂，洪水泛滥。女娲用五色石将天补好，并用神鳖（biē）的四条腿当作撑天的柱子，拯救苍生于水火。

**约 5000 年前**：涿鹿之战后，华夏族初步形成。

**黄帝时期**：黄帝发明房屋、车船、兵器、衣服。

**黄帝时期**：仓颉创造文字、嫘祖养蚕缫丝、隶首发明算盘、伶伦制作音律。

**尧时期**：人们根据天象创造了历法。

**尧时期**：水患泛滥，尧让鲧（gǔ

## 五、大禹治水

远古时期黄河泛滥，大禹奉命治水。他一改前人一味堵塞的治水方法，对洪水进行疏导，成功地治理了水患。

## 六、神农尝百草

传说，神农氏就是炎帝，他不忍心看到百姓受到病痛的折磨，决定亲尝百草，找到为百姓治病的方法。最后，神农氏因尝了断肠草，中毒身亡。

## 七、阪泉之战

黄帝与炎帝曾在阪泉发生过一场大规模的战争，黄帝取得胜利。此后，姬姓部落与姜姓部落联合，逐渐形成华夏族。

## 八、涿（zhuō）鹿之战

黄帝与炎帝联合对抗蚩尤，蚩尤战败。这场战争对华夏民族向文明时代的转变产生深远影响。

## 九、华夏统一

涿鹿之战后，黄帝统一中原各部落，成为华夏民族的共主。

## 十、尧舜禅让

尧在位的时候，觉得舜是个能治理好天下的人，于是对其进行了长达 28 年的考验。在舜通过考验后，尧便将部落联盟首领之位传给了他。

尧时期：鲧主持治理黄河水患，九年无成，后被处死。

尧时期：尧将君主之位禅让给了舜。

舜时期：大禹治水成功。

舜时期：制定刑法，完善制度，解除水患。

# 夏朝

**约公元前 2070—公元前 1600 年**

代表帝王：禹、姒（sì）启、姒太康、姒少康、桀。
都城：阳城、阳翟、安邑、斟（zhēn）鄩（xún）。
人口：约 270 万人

**夏朝的宫殿**

现今人们发现的夏朝宫殿主要是指二里头遗址，它是夏朝中晚期的都城。

**禹**

夏朝的开国君主，曾在治水过程中将中华大地划分为九州，史称“大禹”。

**桀（jié）**

夏朝的最后一任君主，虽然文武双全，但性情暴虐，是有名的暴君。

**姒太康**

启的长子，夏朝的第三任君主。太康德行有亏，在位期间荒淫无度，是个昏君。

**姒少康**

夏朝的第六任君主，在位期间十分有作为，灭了寒浞（zhuó），恢复了夏朝的统治。

**关龙逄（páng）**

夏朝著名的宰相，辅佐了发、桀两代君王。因死谏被桀处以炮烙之刑而死。

**有扈（hù）氏**

夏朝的部落。禹在位时就攻打过有扈氏，启继位后又与有扈氏发生了甘之战。

**三苗**

远古时期的部落，主要生活在当时的南方地区。

**奚（xī）仲**

夏朝著名的发明家，传说是他发明了两轮车。

**青铜器的冶炼**

夏朝时，中国已经对青铜器进行冶炼了。



- 舜时期：讨伐三苗。
- 禹时期：接受舜的禅让，建立夏朝。
- 禹时期：涂山之会。
- 禹时期：禹铸九鼎。
- 启时期：启继承禹的位置，定都安邑。

**夏朝的服饰**

夏朝的服饰比较朴素，以黑色和黄色为主，宽带窄袖，方便劳作。

**夏朝的文字**

夏朝使用的文字为夏篆，也是原始文字的雏形。

**扫帚**

夏朝时人们用羽毛制成扫帚，后来经过改良，竹条、稻草也都成为制作扫帚的原料。

**兽皮甲**

夏朝人为了对抗敌人，用动物的皮毛做成铠甲，来保护自己。

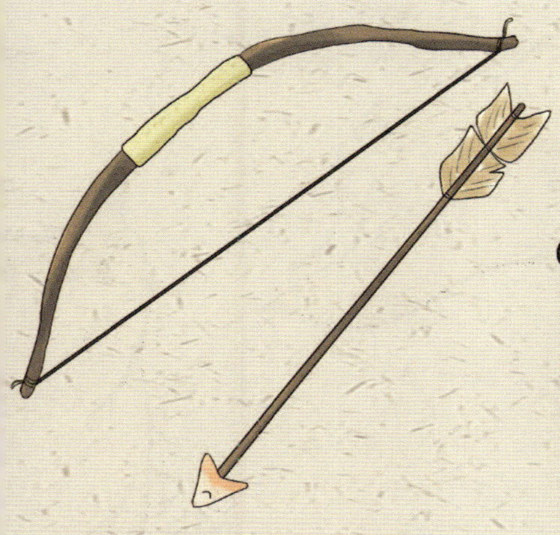

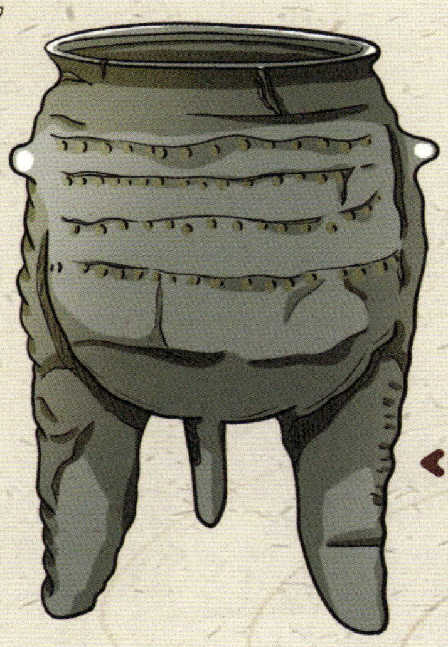

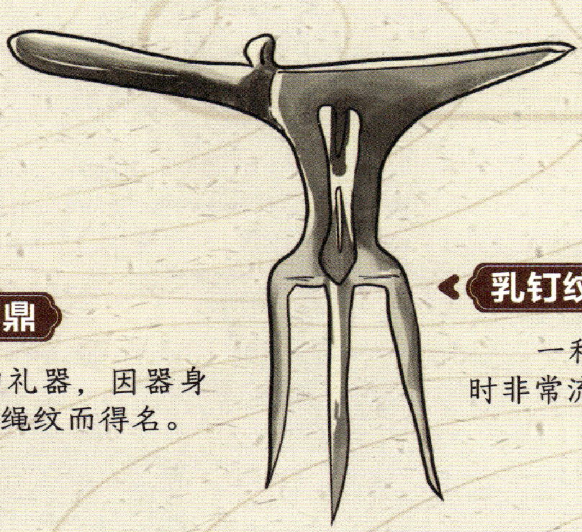

**弓箭**

相传由黄帝之孙挥公发明，挥公也是张姓的始祖。

**绳纹灰陶鼎**

夏朝的礼器，因器身有不规则的绳纹而得名。

**乳钉纹铜爵**

一种酒礼器，在夏朝时非常流行。

**圜（huán）土**

从夏朝开始，人们就用一种圆形的土牢当作关押犯人或俘虏的监狱，叫圜土。

**瓦片**

夏朝早期多用稻草和泥土建房子，到了夏朝晚期，很多建筑已经开始使用瓦片了。

**秫（shú）酒**

用高粱酿的酒，据说这种酒的酿造方法是少康发明的。



启时期：改禅让制为世袭制。

启时期：建立奴隶制王朝。

启时期：甘之战。

启时期：钧台之享：方国盟会，启为天下共主，开始了“家天下”局面。

启时期：平定武观之乱。

# 夏朝大事记

## 一、涂山之会

禹为了进一步巩固自己的统治，在涂山召见各部落的首领。涂山之会标志着夏朝的正式建立。

## 三、甘之战

禹曾与有扈氏发生过战争。禹的儿子启继位以后，继续对有扈氏进行讨伐，并取得了甘之战的胜利，实现了中原统一。

## 二、禹铸九鼎

禹在位时，将天下分为九州。他听说黄帝曾铸过鼎，便决定铸造九个鼎，将九州的标志刻在九个鼎上。从此以后，鼎就成了国家权力的象征。

- 太康时期：太康失国。
- 太康时期：后羿代夏。
- 太康时期：寒浞夺位。
- 少康时期：少康中兴。
- 杼时期：迁都老丘（今河南开封一带）。

## 四、武观之乱

中国历史上第一次夺嫡之争。启晚年时，他的五个儿子为了争夺继承权发生了非常惨烈的战争。这场战争对夏朝的打击很大，国力遭到很大损耗。

## 五、太康失国

武观之乱的胜利者太康继位后，不理政事，昏庸无道。东夷族的首领后羿趁机反叛，掌控了夏王朝的政权。

## 六、寒浞夺位

后羿晚年奢靡无度，他的义子寒浞不满他这种行为，便收买了后羿身边的人，将后羿毒杀，篡位称王。

## 七、少康中兴

少康为了夺回夏朝的政权，争取到了有仍氏和有虞氏的帮助，最终打败寒浞，登上王位，复兴了夏朝。

## 八、杼（zhù）伐东夷

杼是少康的儿子，他知道东夷一直有反叛之心，便多次讨伐东夷，甚至不惜为此迁都。最终，杼取得了胜利，扩大了夏朝的版图。

## 九、鸣条之战

夏朝末年，夏朝的君主桀是出了名的暴君。商汤举兵反夏，约公元前 1600 年，与桀在鸣条交战。桀战败，夏朝灭亡。



杼时期：打败东夷，扩大版图。

孔甲时期：孔甲乱政。

桀时期：迁都斟鄩（今洛阳）。

桀时期：鸣条之战。

# 商朝

**约公元前 1600—公元前 1046 年**

代表帝王：成汤、仲丁、盘庚、武丁、帝辛（纣王）。
都城：亳（bó）、邢、殷等。
人口：400 万～450 万人。

**成汤**

商朝的建立者，他在位期间国力强盛，为商王朝的发展奠定了基础。

**伊尹**

商朝的名相，一生兢（jīng）兢业业，辅佐了商朝的五代君主。

**帝辛**

商朝的末代君主，又称“商纣王”。他性情暴虐，在位期间采用严刑峻法，是与夏桀齐名的“暴君”。

**妲己**

帝辛的宠妃，武王伐纣的时候被杀死。

**比干**

比干是文丁的儿子，也是帝辛的叔父。帝辛在位期间，他直言劝谏，最终被帝辛逼死。

**妇好**

武丁的嫔妃之一，虽为女子，却能征善战，是商朝著名的女将军。

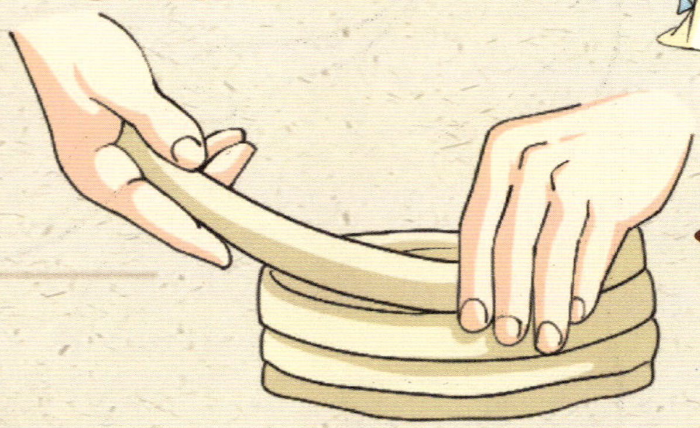

**商朝的制陶技艺**

商朝主要运用泥条盘筑的方式来制作陶器。

**商朝的房屋**

商朝时，人们已经开始用木头建造房屋，很多大型建筑都是木质结构的。

**商朝的商人**

商朝时，人们擅长做生意，所以后世将擅长做生意的人称为“商人”。

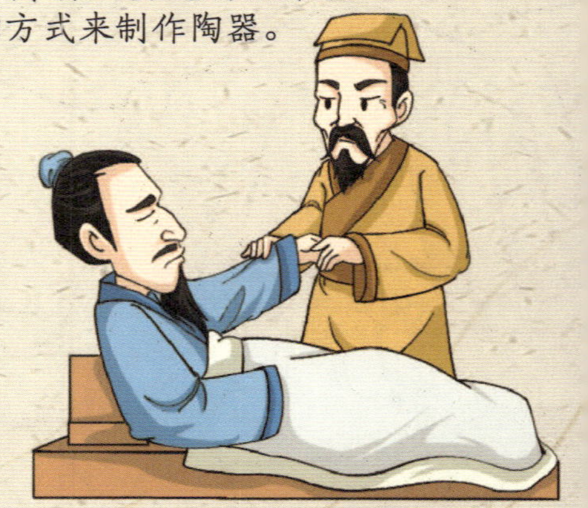

**商朝的医学**

商朝时，人们对人体结构已经有了一定的了解，基本可以做到对症下药。



**成汤时期**　建立商朝，定都于亳。

**成汤时期**　景亳之命，宣誓灭夏。

**太甲时期**　伊尹放太甲。

**成汤—沃丁时期**　伊尹辅政。

**仲丁—阳甲时期**　围绕王位继承发生九世之乱。

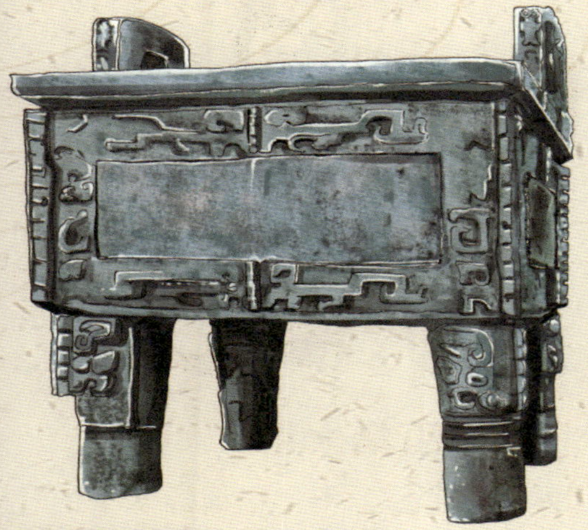

**后母戊鼎**

商朝最富代表性的青铜器之一，也是目前已知最重的商朝青铜器。

**四羊方尊**

商朝的青铜礼器，主要用于祭祀，是与后母戊鼎齐名的商朝青铜器。

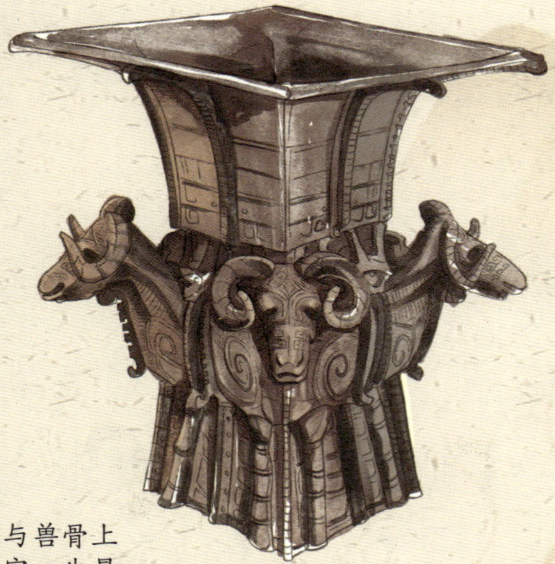

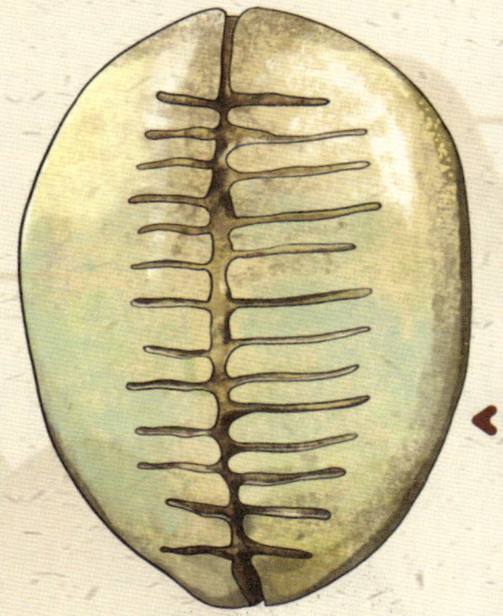

**贝币**

商朝的主要货币。

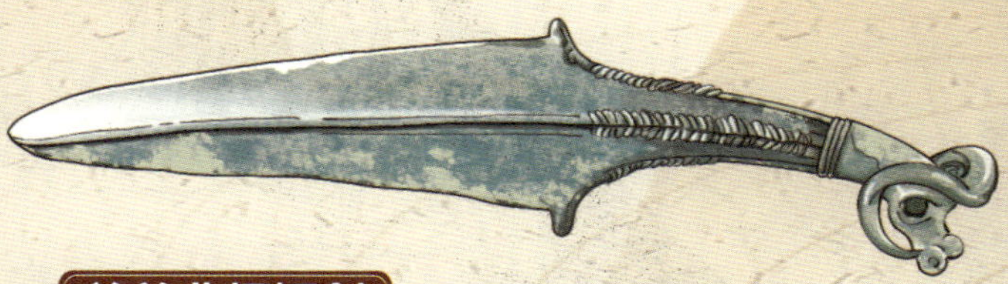

**羊首曲柄短剑**

主要用于防身，也可当作暗器。

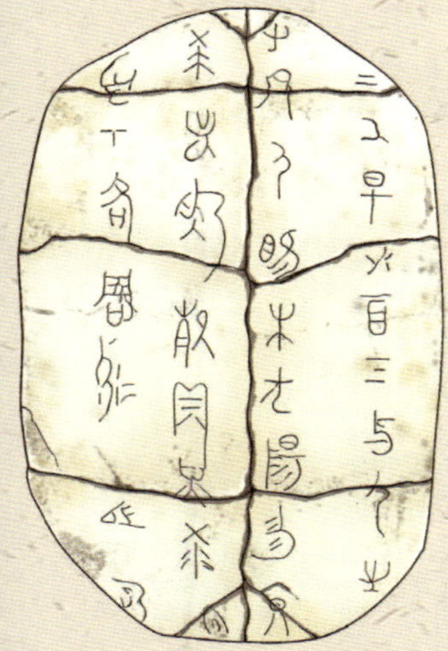

**甲骨文**

刻在龟甲与兽骨上用于占卜的文字，也是中国已发现的年代最早的、体系相对完整的一种文字。

**小臣艅（yú）犀尊**

商朝晚期的青铜器。

**钺（yuè）**

商朝的一种礼兵器，主要用于仪仗，是当时皇权的象征。

**象牙杯**

从妇好墓出土，是一件饮酒的器具，也是非常珍贵的商朝艺术品。

**妇好鸮（xiāo）尊**

从妇好墓出土，整个器具以鸮为原型，内部结构精妙，是商朝的一件容酒器。

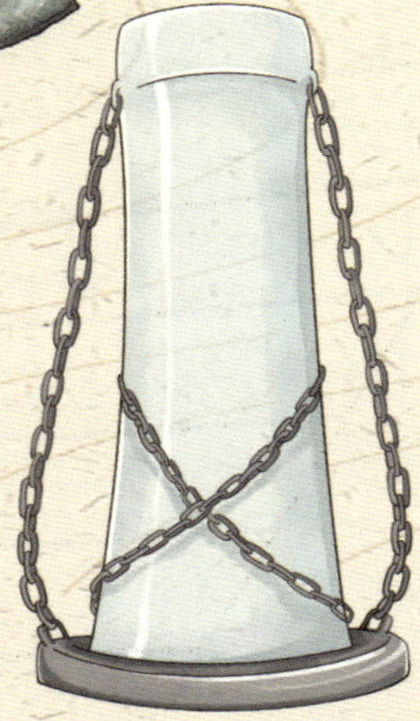

**炮（páo）烙（luò）**

帝辛发明的一种酷刑。



河亶（dǎn）甲时期 迁都于相。

河亶甲时期 讨伐蓝夷与班方。

祖乙时期 发明万年历。

盘庚时期 迁都于殷。

武丁时期 武丁中兴。

祖甲时期 创造"周祭"之法。

# 商朝大事记

## 一、商汤灭夏

鸣条之战中，商汤打败夏桀，建立商朝。

## 二、伊尹囚禁太甲

太甲继位后，不遵循商汤定下的礼法，德行有亏。于是，伊尹将太甲关在郊外的桐宫之中，自己代为监国。三年后，太甲意识到自己的错误，伊尹便将权力交还给太甲。

## 三、九世之乱

因为商朝的王位继承制度比较混乱，从仲丁开始，商朝内部纷争不断，近百年间经历了九位君主，史称“九世之乱”。

## 四、盘庚迁都

盘庚为了稳定局势，力排众议，将都城迁到殷。此举为后来盛世的出现奠定了基础。

廪（lǐn）辛时期：出兵伐羌（qiāng）。

武乙时期：攻打西方的旨方。

武乙时期：打压巫权，提升王权。

武乙时期：周王季历来朝。

武乙时期：传说武乙遭雷击而死。

## 五、武丁中兴

武丁是盘庚的侄子，在位五十多年。他在政治和军事方面都很有作为，使商朝臻于鼎盛。

## 六、创造“周祭”之法

商朝崇尚祭祀。祖甲继位以后，为了使祭祀系统更加规范，创造了“周祭”之法。

## 七、商周和亲

帝乙在位的时候，周文王姬昌的势力很大，对商朝的统治产生威胁。于是，帝乙将自己的妹妹嫁给姬昌，在一定程度上稳定了时局。

## 八、纣王无道

帝辛的生活非常奢侈，聚酒成池，挂肉成林。他性情又残暴异常，横征暴敛，滥用酷刑，给百姓带来深重的苦难，百姓都想推翻他的统治。

## 九、牧野之战

周武王在众人的帮助下出兵伐纣。双方在牧野发生了激烈对抗，最终帝辛战败，自焚而亡，商朝就此覆灭。

文丁时期：周王季历伐戎，文丁忌而杀之。

帝乙时期：出征淮夷。

帝乙时期：商周和亲。

帝辛时期：营建朝歌。

帝辛时期：酒池肉林。

帝辛时期：牧野之战，商朝覆灭。

# 西周

**约公元前 1046—公元前 771 年**

代表帝王：周武王、周成王、周幽王。
都城：镐（hào）京、成周等。
人口：1000 万～2000 万人。

**姬昌**

季历的儿子，周武王姬发的父亲，原是商朝的西伯侯，后因纣王暴虐而反抗。

**姬发**

西周的开国君王，即周武王。武王伐纣灭商，建立周朝，史称“西周”。

**姜尚**

即姜子牙，他在渭（wèi）水之滨钓鱼的时候得到西伯侯姬昌的赏识，后助周武王伐纣，是周朝的开国元勋。

**姬旦**

周武王的弟弟，史称“周公”。他辅助武王处理政务，制定出了规范的礼乐制度，对后世有着深远影响。

**褒（bāo）姒（sì）**

周幽王最宠爱的妃子。传说，褒姒不爱笑，周幽王为了博褒姒一笑，烽火戏诸侯。

**箕（jī）子**

纣王帝辛的叔父，后来得到姬发的赏识，在朝鲜半岛建立了箕氏侯国。

**世卿世禄制**

西周实行世卿世禄制，即父亲去世，儿子可以继承父亲的官职、土地及税收。

**两都制**

西周时有两个都城，分别为首都和陪都。

**井田制**

西周时将土地规划成“井”字形，分块分配给百姓使用。“井”字最中间的是公田，外围是私田。

**五听制**

西周的官员在审理案件的过程中，会通过辞、色、气、耳、目对当事人进行观察。



- 武丁时期：商朝封周为诸侯国。
- 公元前 1048 年：孟津之誓，众多诸侯表示听从周的指挥。
- 公元前 1046 年：武王伐纣，建立周朝。
- 公元前 1042—公元前 1040 年：周公东征。
- 公元前 1043—公元前 99…：成康之治。

**君子六艺**

西周时，君子有六门必修课，分别为礼、乐、射、御、书、数。这六门必修课被称为“君子六艺”。

**耦（ǒu）耕**

两人一组合作的耕作方式叫作耦耕，在西周的时候非常盛行。

**《周易》**

周文王姬昌善于占卜，他所著的《周易》流传至今。

**冕（miǎn）服**

在比较重大的场合，帝王需要穿着冕服出席，冕服是最高规格的礼服。

**学在官府**

西周的普通百姓是无法接受教育的，教育资源都掌握在官府和国家手中。

**圭（guī）表**

现今发现的世界上最早的计时器，传说是周公姬旦发明的。

**晋侯苏钟**

西周时期的打击乐器，整座钟共有16件，上面刻有周厉王征战的事迹。

**乳丁纹三銎（qióng）刀**

西周时期的一种兵器，刀背上面有三个銎孔，能够将刀具安装在长柄上。

**利簋（guǐ）**

一种礼器，主要用于祭祀和纪录帝王的功绩，是西周早期的青铜器。

**戈**

形状像镰刀一样，是西周时期使用比较广泛的兵器，能够正面勾杀或啄击。



公元前 1002 年 昭王攻楚。

公元前 965 年 穆王西征犬戎。

公元前 910 年 周孝王篡取自己侄子的王位。

公元前 841 年 国人暴动，周召共和。

公元前 841 年 中国历史开始有了确切纪年。

# 西周大事记

## 一、孟津之誓

商朝覆灭后，各方诸侯虽然承诺听命于周武王，但周武王仍想测试一下他们是否忠诚。于是，他在孟津召集各方诸侯，进行了一次大阅兵。

## 二、成康之治

周成王和周康王在位的时候，政治清明、勤俭内务，国力日益强盛，史称“成康之治”。

## 三、昭王南征

周昭王在位时期，南征荆楚等地。当凯旋回渡汉水时，浮桥突然坍（tān）塌，昭王和很多大臣溺水而亡。

## 四、穆王西征

周穆王执政时，犬戎的实力很强大，逐渐不把周朝放在眼里。于是，周穆王亲征犬戎，并取得了胜利，在北方少数民族中树立了威信。

公元前 828 年：周宣王继位，共和行政结束。

公元前 824 年：秦仲伐戎。

公元前 821 年：秦仲之子赵祺伐戎胜利，被封为西陲（chuí）大夫。

公元前 810 年：征服淮夷。

公元前 805 年：周宣王让晋穆侯攻打条戎。

## 五、国人暴动

周厉王用高压手段统治子民，致使国人心生不满。众人将王宫围了起来，想要诛杀周厉王。周厉王慌忙带领一些心腹逃离镐京。

## 六、周召共和

周厉王逃离镐京后，国人在周定公和召穆公的劝说下，平息了愤怒。但此时周厉王无法回朝，国事只能由周定公和召穆公代理。

## 七、秦仲伐戎

周宣王时期，西戎再次崛起，周宣王派秦仲去征讨西戎。但秦仲不幸兵败阵亡。

## 八、孝王夺位

周懿（yì）王死后，本应太子姬燮（xiè）继承王位，但周懿王的弟弟姬辟方野心勃勃，趁乱夺取了王位，姬辟方便是周孝王。

## 九、烽火戏诸侯

周幽王为了取悦褒姒，经常随意点燃烽火。起初，各诸侯以为敌军攻打都城了，马不停蹄地赶到都城救援，却发现被愚弄了。后来，当真的有敌军来犯时，各诸侯不信烽火，按兵不动。

## 十、西周灭亡

周幽王烽火戏诸侯引起了各诸侯的不满，申侯联合犬戎、缯（zèng）国攻打周朝。周幽王逃到骊（lí）山脚下的时候被敌军所杀，西周至此灭亡。



- 公元前 789 年：西周与姜戎千亩之战。
- 公元前 782 年：周幽王继位。
- 公元前 780 年：镐京地震。
- 公元前 779 年：周幽王烽火戏诸侯。
- 公元前 771 年：西周灭亡。

# 东周

**公元前 770—公元前 256 年**

代表帝王：周平王、周襄王、周赧（nǎn）王。
都城：洛邑。
人口：500 万～1000 万人。

**周平王**

周幽王的儿子，是东周的第一任君主。

**齐桓公**

春秋五霸之一，齐国国君。他在位时力行改革，重用人才，齐国在他的治理下国富民强。

**晋文公**

春秋五霸之一，晋国国君。他曾流亡在外多年，后来在秦穆公的帮助下得到了晋国的国君之位。

**蔺（lìn）相如**

战国时期赵国的名臣，比较著名的事迹是“完璧归赵”。

**老子**

春秋时期的思想家，道家的创始人，著有《道德经》。

**墨子**

春秋战国之际的思想家，墨家的创始人，核心思想是“兼爱”“非攻”。

**孔子**

春秋时期的思想家、教育家，儒家的创始人，他的学说以“礼”与“仁”为核心。

**庄子**

战国时期的思想家，道家的代表人物，与老子并称“老庄”。

**韩非子**

战国末期的思想家，法家的代表人物，留有多部著作，后人将其整理成《韩非子》一书。

**屈原**

战国时期楚国的诗人、政治家。在楚国被灭后，投汨（mì）罗江殉国。



**公元前 770 年** 周平王建立东周，迁都洛邑。

**公元前 685 年** 齐桓公继位，重用管仲。

**公元前 684 年** 齐鲁长勺之战。

**公元前 681 年** 齐桓公称霸。

**公元前 656 年** 召陵之盟（鲁国、宋国、楚国）。

## 鲁班的发明

**鲁班**

春秋时期鲁国人，中国古代著名的建筑工匠，被后世誉为“木匠祖师”。传说很多工具都是鲁班发明的。

**（1）锯子**

用来截裁木头的工具。

**（2）石磨**

可以将粮食磨成粉末的石具。

**（3）墨斗**

中国木工的传统工具。

**（4）云梯**

用于攀登城墙的工具。

**司南**

一种用磁石制成的辨别方向的工具，是现代指南针的鼻祖。

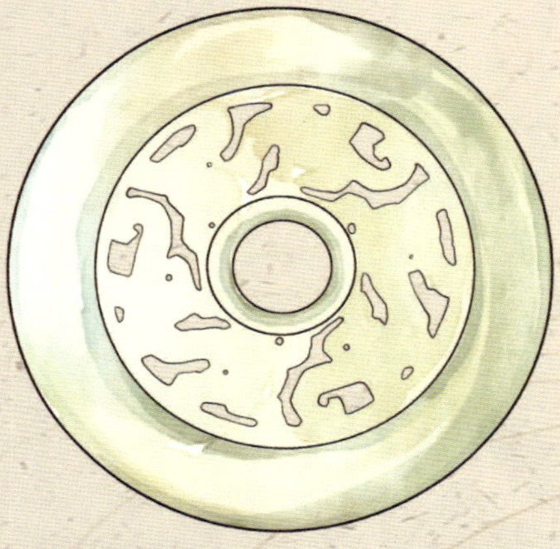

**和氏璧**

中国历史上著名的宝玉，蔺相如“完璧归赵”的故事中，“璧”指的就是和氏璧。

**越王勾践剑**

越王勾践的佩剑，上有铭文，展现了中国春秋时期高超的铸剑水平。

**投壶**

当时人们的一种娱乐活动，由射箭演变而来。

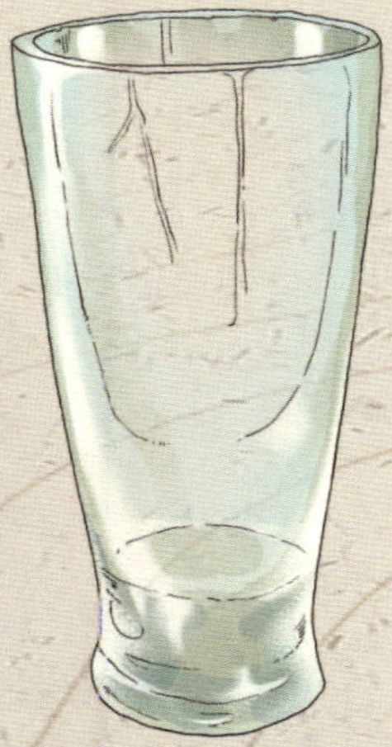

**战国水晶杯**

战国时期的水晶制品，器身很大。

**匈奴王冠**

战国时期匈奴王所戴的王冠，形制精美、工艺高超，体现了当时中国北方民族的工艺水平。

**拒马**

早期多为木制，可移动，能够阻碍骑兵的进攻。



公元前 638 年 宋楚泓之战。

公元前 632 年 晋楚城濮（pú）之战，践土之盟，晋文公称霸。

公元前 597 年 楚庄王称霸。

公元前 579 年 弭（mǐ）兵会盟。

公元前 575 年 晋楚鄢（yān）陵之战。

# 东周大事记

## 二、齐桓公重用管仲

齐桓公继承齐国君主之位后，重用管仲。在管仲的帮助下，齐桓公大力推行改革，使齐国成为当时最有实力的诸侯国。

## 一、东周建立

西周灭亡后，公元前 770 年，周幽王的儿子宜臼（jiù）（即周平王）被众诸侯拥立为王，迁都洛邑，史称“东周”。

## 三、城濮（pú）之战

周襄王在位期间，晋国和楚国在卫国城濮进行了一次规模比较大的战争，楚国战败。

公元前 557 年　晋楚湛阪之战。

公元前 550 年　孟姜女哭长城。

公元前 506 年　吴王阖（hé）闾（lǘ）攻打楚国。

公元前 496 年　越王勾践继位。

公元前 479 年　孔子去世。

## 六、三家分晋

公元前 376 年，曾经强大的晋国逐渐衰败，其内部的韩、赵、魏三个世家却日益强大。最终，韩、赵、魏将晋国瓜分。

## 四、践土之盟

晋国取得城濮之战的胜利后，晋文公在践土会见了众诸侯。因为晋国国力强盛，晋文公被推举为盟主。

## 五、勾践灭吴

公元前 494 年，在越国与吴国的战争中，越国战败，越王勾践被俘。三年后，勾践回国，卧薪尝胆，终于率军将吴国消灭。

## 八、胡服骑射

赵武灵王为了提升军队的战斗力，让赵国的百姓效仿胡人的服饰，练习骑马射箭。这一政策不仅使赵国的军队更加强大，还对后来中原的服饰产生了很大影响。

## 七、商鞅（yāng）变法

秦孝公在位时，重用商鞅，先后进行了两次变法，让秦国逐渐变得强大起来。

## 十、东周灭亡

东周的最后一位君主周赧王在位时，东周已是强弩之末，各诸侯国不服周朝的管制。公元前 256 年，秦国攻入东周的都城洛邑，东周灭亡。

## 九、孔子作《春秋》

相传，《春秋》是由孔子所作，记载了周朝时鲁国的国史。《春秋》是中国最早的一部编年断代史，开创了编年体的先例。

公元前 475 年 战国开始。

公元前 473 年 勾践灭吴。

公元前 376 年 三家分晋。

公元前 356 年 商鞅开始变法。

公元前 341 年 齐魏马陵之战。

# 东周文化

## 筹（chóu）算

中国古代的一种计算方法，在小竹条上刻上数字，用来进行计数和简单的运算。除了竹子以外，古人也用木棍或骨头作为计算的工具。

## 漆器的制作

东周时期，漆器已经融入了百姓的日常生活中，制作工艺十分精美。常见的漆器有盒、匣、鉴、案、床、枕等。

## 虎符

中国古代调遣兵将所用的兵符，一般分为两半，一半交给将帅，另一半由君王保管。调遣兵将时，须由使臣持符验合，方能生效。



公元前 338 年 商鞅遭车裂。

公元前 329 年 张仪向秦惠文王宣扬连横策略。

公元前 314 年 周赧王继位。

公元前 307 年 赵武灵王令胡服骑射。

公元前 283 年 蔺相如完璧归赵。

## 二十四节气

二十四节气最早出现在东周。中国古代劳动人民根据长期经验，将一年分为二十四个特定的节令，用来对农事进行指导。

## 竹简

主要用来承写文字，与现在的“纸”是同一性质。古代制作竹简的工艺比较复杂，因此造价较高。

## 风筝

传说最早的风筝是中国人墨翟（dí）发明的，他用了三年时间，用木头制作了一只鸟形飞行器，这是人类历史上最早的风筝。后来鲁班对其进行了改良，将木头换成更轻的竹子。

## 长城

早在春秋战国时期，各诸侯国就已经开始修建长城了，主要目的是御敌。后来，中国各个朝代的君主也对长城进行过修筑。

公元前 278 年 屈原投汨罗江。

公元前 271 年 范雎（jū）向秦昭襄王提出远交近攻策略。

公元前 260 年 秦赵长平之战。

公元前 256 年 李冰修建都江堰（yàn）。

公元前 256 年 东周灭亡。

# 秦朝

**公元前 221—公元前 206 年**

代表帝王：秦始皇。
都城：咸阳。
人口：约 4000 万人。

**秦始皇**

中国历史上第一个称“皇帝”的君主。他灭六国，完成统一大业，建立秦朝。他在全国建立由中央直辖的郡县制，统一文字、货币和度量衡，开灵渠，修长城，筑驰道，巩固了统一，被后世称为“千古一帝”。

**胡亥**

秦二世，在赵高的扶持下继位，手中没有实权。陈胜、吴广起义后，胡亥被赵高的手下所杀。

**商鞅**

在秦国还是诸侯国的时候，商鞅在秦国实行了两次变法，为秦统一六国奠定了基础。

**吕不韦**

战国末年秦国丞相，为秦始皇的统一大业做出过卓越贡献，曾主持编撰（zhuàn）《吕氏春秋》。

**白起**

秦国大将，打仗勇猛非常，善于奇袭，屡立战功，在秦始皇统一六国后被封为武安君。

**赵高**

秦二世的丞相。秦始皇死后，他逼死秦始皇的长子扶苏，立胡亥为帝，自己掌握实权。

**李斯**

秦朝丞相，帮助秦始皇统一六国。秦始皇死后，李斯被赵高害死。

**巴寡妇清**

历史上最早的女企业家，在秦朝拥有非常特殊的地位，是秦始皇陵中水银的主要供应者。

**项羽**

秦末起义军的领袖之一，在巨鹿之战中摧毁秦军主力。号称“西楚霸王”。秦亡后，在楚汉战争中，为刘邦击败，最终自刎（wěn）于乌江。

**魏冉**

秦国大将，帮助秦昭襄王夺得王位。与白起的关系很好，一度独揽秦国大权。



- 公元前 247 年：年仅13 岁的嬴政继秦王位。
- 公元前 246 年：开始修建皇陵。
- 公元前 239 年：嬴政亲政。
- 公元前 238 年：嫪（lào）毐（ǎi）叛乱。
- 公元前 230 年：秦国攻打韩国，韩国灭亡。

秦半两

韩国铲币

魏国铲币

赵国铲币

楚国蚁鼻钱

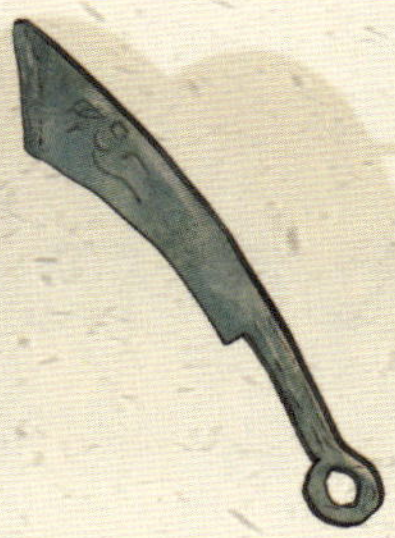

燕国刀币

齐国刀币

**货币**

秦朝统一货币以前，各国使用的货币各不相同，相互之间很难流通。秦始皇统一货币以后，全国范围内统一使用圆形方孔的秦半两。

**铜马车**

秦朝著名的青铜器，因其造型精美、工艺精巧，被誉为“青铜之冠”。

**秦朝龙袍**

秦朝崇尚“水德”，以黑色为尊，所以秦朝龙袍的颜色以黑色为主。

**秦公簋（guǐ）**

秦朝的一种祭祀器皿，内部刻有铭文。

**方升**

秦始皇统一六国后制造的标准称量器具。

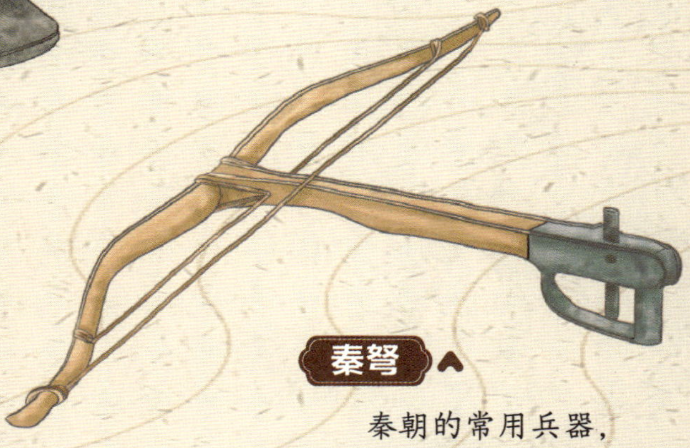

**秦弩**

秦朝的常用兵器，能够进行远距离射击。

**黔（qián）首**

“黔”表示黑色。在秦朝，普通平民的头上只能包裹一块黑色的布，所以平民也叫“黔首”。

**乐府钟**

钟的纽部刻有“乐府”二字，可以证明当时存在乐府机构。



**公元前227年** 秦国攻打赵国，赵国灭亡。

**公元前226年** 荆轲（kē）刺秦，秦国攻打燕国，燕王被迫迁都。

**公元前225年** 秦国攻打魏国，魏国灭亡。

**公元前223年** 秦国攻打楚国，楚国灭亡。

**公元前222年** 秦国攻打燕国，燕国灭亡。

# 秦朝大事记

## 一、荆轲刺秦

刺客荆轲受燕太子丹所托，刺杀秦王嬴政。荆轲将匕首藏在随身携带的地图中，在向秦王展示地图的时候意图行刺。但最终行刺失败，荆轲被杀。

## 二、始皇称帝

嬴政即秦王位后，花了十年的时间灭掉了韩、赵、魏、楚、燕、齐六国，统一全国。他改称皇帝。

## 三、中央集权

秦始皇采纳李斯的建议，废除原来的分封制，推行郡县制，将权力全部掌握在自己手中，实现了中央集权。

## 四、建立户籍

为了更好地统治国家，秦始皇令百姓将土地申报给官府，官府则将每家每户的土地载入户籍，以便国家对土地和百姓的管理。

## 五、焚书坑儒

为了巩固统治，统一百姓的思想，秦始皇下令将《秦记》以外的别国史书全部烧毁。后因秦始皇被方士所骗，四百余人被迁怒，惨遭活埋。

- 公元前 221 年：秦国攻打齐国，齐国灭亡。
- 公元前 221 年：秦王嬴政统一中国，始称皇帝。
- 公元前 221 年：秦始皇建立中央集权制。
- 公元前 220 年：秦始皇修建“驰道”，开始巡游。
- 公元前 214 年：秦将蒙恬收复河套以南地区。

## 六、沙丘之变

秦始皇在沙丘宫突然去世。赵高密谋篡改了秦始皇的传位诏书，废了扶苏，改立胡亥为帝。

## 七、大泽乡起义

秦二世行事残暴，百姓苦不堪言。陈胜、吴广在大泽乡发动起义，全国上下一呼百应。

## 九、秦朝灭亡

项羽和刘邦联手打败了秦朝的军队，秦王子婴投降，秦朝灭亡。

## 八、巨鹿之战

项羽在巨鹿之战中破釜沉舟，以少胜多。这场战役很大程度上加速了秦朝的灭亡。

**公元前 214 年** 开凿灵渠。修筑长城。

**公元前 213 年** 焚书坑儒。

**公元前 212 年** 开始修建阿（ē）房（páng）宫。

**公元前 212 年** 开始修建秦直道。

**公元前 210 年** 秦始皇去世。

# 秦朝文化

## 阿（ē）房（páng）宫

阿房宫是秦朝的大型宫殿建筑，直到秦始皇去世也没有修建完。但即便如此，阿房宫仍被誉为“天下第一宫”。

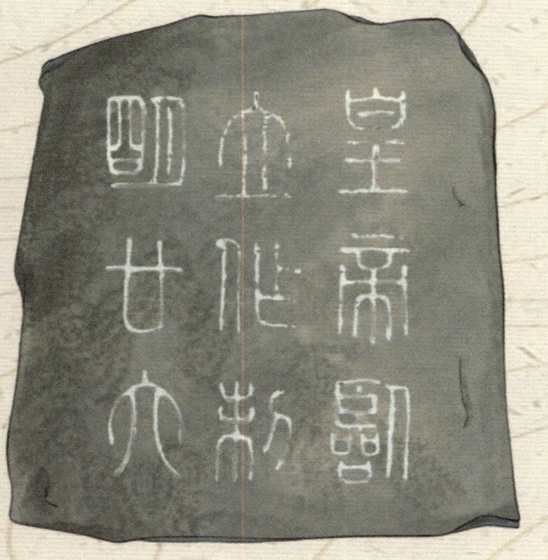

## 小篆

秦始皇统一全国后，针对各地文字不统一，交流困难的情况，命李斯将秦国大篆简化成更容易书写的小篆，在全国推广使用。

## 秦直道

秦直道从云阳到九原郡，共七百多千米。主要用于皇帝出巡，同时也有利于快速运兵支援边境。

公元前 210 年：沙丘之变，秦二世胡亥继位。

公元前 209 年：陈胜、吴广大泽乡起义。

公元前 209 年：项羽、刘邦起兵。

公元前 208 年：陈胜、吴广被害。

公元前 207 年：巨鹿之战。

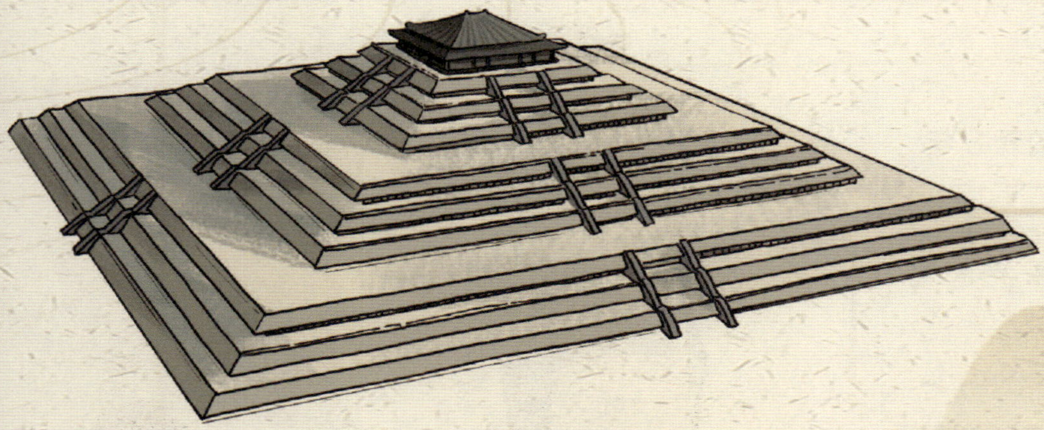

## 秦始皇陵

秦始皇的陵寝。建筑规模非常宏大，工艺复杂，内部布局奇特，历时39年才完工。神秘的秦始皇陵至今未被开掘。

## 兵马俑

在秦始皇以前，帝王死后都是由活人殉葬的。秦始皇废除了传统的殉葬制度，改用陶俑殉葬。秦始皇陵的兵马俑不仅有武士俑，还有战车、战马等，每一件都栩栩如生。

## 长城

公元前214年，秦始皇为了抗击北边匈奴，派大将蒙恬镇守边境，并修筑万里长城。这段长城史称“秦长城”。



公元前207年　赵高指鹿为马。

公元前206年　望夷宫之变，子婴继位。

公元前206年　子婴诛杀赵高。

公元前206年　刘邦入关，子婴投降，秦朝灭亡。

# 西汉

公元前 202—公元 8 年

代表帝王：汉高祖（刘邦）、汉惠帝（刘盈）、汉武帝（刘彻）。
都城：长安、洛阳。
人口：约 6300 万人。

**汉高祖（刘邦）**

西汉的开国皇帝。刘邦出身底层，在与项羽的楚汉之争中取得胜利，建立西汉。

**周亚夫**

文景时期的名臣，曾使用雷霆手段平定过七国之乱，巩固西汉政权。

**吕后（吕雉）**

汉高祖刘邦的发妻。刘邦死后，吕后把持朝政，是中国历史上第一位临朝称制的女性。

**萧何**

刘邦手下的著名谋臣，在楚汉之争中给刘邦献了很多计策，并向刘邦举荐了韩信。

**韩信**

刘邦手下的名将，他熟读兵法，善于用谋略左右战争的局势，被后世誉为“兵家四圣之一”。

**晁错**

文景时期的名臣，在政治上主张削藩，巩固中央集权；经济上主张“重农抑商”，发展农业生产。后来被佞（nìng）臣所害，腰斩而死。

**卫青**

汉武帝时期的名将，率军抗击匈奴，令匈奴军闻风丧胆，一度官至司马大将军。

**王莽**

本是西汉的大臣，后来篡夺西汉皇位，建立新朝。

**司马迁**

著名的史学家，著有纪传体通史《史记》。

**霍去病**

卫青的外甥，名将，年轻有为，与卫青一起守卫西汉边境，使百姓免受匈奴侵扰。



公元前 206 年 楚汉之争开始。

公元前 202 年 项羽兵败而自刎乌江，刘邦建立汉朝。

公元前 200 年 白登之围。

公元前 200 年 迁都长安。

公元前 196 年 刘邦杀韩信和彭越。

**匈奴**

北方游牧民族，西汉时期经常骚扰北方边境，与西汉之间的关系非常复杂。

**羌人**

西北方的少数民族，西汉时期曾一度与汉朝和平共处，但后来也免不了兵戎相见。

**长信宫灯**

相传是窦（dòu）太后在长信宫时所用。灯体造型别致，设计巧妙，体现了古代工匠的智慧。

**楼船**

西汉时期的战船，能在内河或沿海的战争中发挥比较大的作用。

**曲裾（jū）**

西汉的一种服装，其特点为续衽绕襟。

**透光镜**

西汉中期已经可以制作出工艺非常精美的透光镜。在阳光下，镜子背面的图案能够映透在墙壁上。

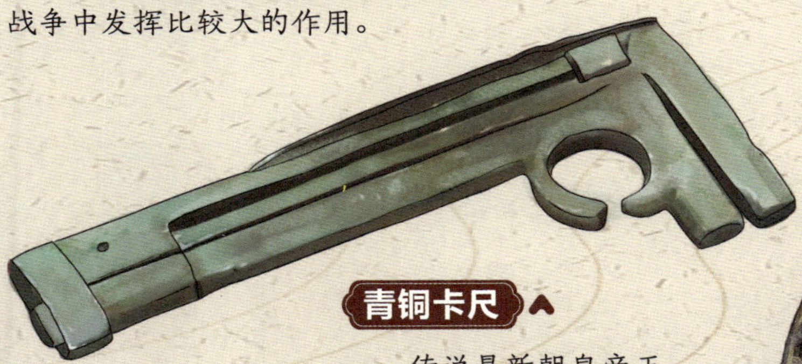

**青铜卡尺**

传说是新朝皇帝王莽命人制作的，与现代的游标卡尺十分接近。

**铁犁**

西汉时期百姓耕作时使用的工具，用于翻土、成垄。

**五铢钱**

汉武帝曾进行过多次货币改革，最终确定用五铢钱作为西汉的统一货币。

**角抵**

西汉时期的一种体育活动，与现代的摔跤相似，后来逐渐发展成为一种民间竞技项目。



**公元前 195 年** 白马之盟。

**公元前 195 年** 刘邦去世。

**公元前 188 年** 汉惠帝刘盈去世。

**公元前 188—公元前 180 年** 吕后临朝称制。

**公元前 180 年** 吕后去世，汉文帝刘恒继位。

# 西汉大事记

## 一、楚汉之争

刘邦与项羽为了争夺天下进行了多次交锋。最后项羽不敌刘邦，退至垓（gāi）下，被逼在乌江自刎，刘邦胜利。

## 二、西汉建立

刘邦在楚汉之争中赢得胜利后称帝，建立了大汉王朝。

## 三、吕后临朝

刘邦死后，其子刘盈继位，但仅在位7年便因病去世。吕后便独揽朝政，临朝称制。

## 四、文景之治

汉文帝和汉景帝在位期间，重视农业生产，减少对外战争，使百姓可以休养生息，西汉的经济与文化一度非常繁荣。



- 公元前 167 年　缇（tí）萦（yíng）救父。
- 公元前 154 年　七国之乱。
- 公元前 141 年　汉武帝刘彻继位。
- 公元前 140 年　汉武帝听从董仲舒的建议“罢黜（chù）百家，独尊儒术”。
- 公元前 138 年　张骞第一次出使西域。

### 五、七国之乱

汉景帝时期，晁(cháo)错提出“削藩策”。吴王刘濞(bì)为保自身利益，联合其他6个藩王发动叛乱，后被周亚夫以雷霆之势镇压。

### 六、张骞(qiān)出使西域

汉武帝在位时，派遣张骞带领一百多人出使西域，打通了“丝绸之路”。

### 七、司马迁著《史记》

司马迁历时14年创作出《史记》，其中记载了从上古黄帝到汉武帝时期的历史。

### 八、苏武牧羊

汉武帝曾派苏武出使匈奴，但苏武被匈奴扣留，并遣到北海牧羊。直到19年后，苏武才重回汉朝。

### 九、昭宣中兴

汉昭帝和汉宣帝在位期间，完善国家律法，鼓励发展农业生产，严厉打压贪官污吏，使西汉的国力重新强大起来。

### 十、王莽篡汉

西汉末年，汉哀帝早夭，王莽篡夺了西汉政权，建立新朝。但新朝仅存续了15年，王莽便被乱军所杀。

公元前 133 年 汉武帝反击匈奴。

公元前 127 年 汉武帝施行“推恩令”。

公元前 121 年 霍去病西征。

公元前 119 年 张骞第二次出使西域，匈奴退居漠北。

公元前 109 年 汉武帝治理黄河。

# 西汉文化

## 《史记》

《史记》是中国历史上第一部纪传体通史，体系完备、内容全面，对后世各个朝代的正史编撰都有极为深远的影响。

## 金缕（lǚ）玉衣

汉代皇室贵族死后的殓服。对制作工艺及所用材质的要求都非常高。穿上金线缕结的玉衣，可彰显死者身份的尊贵。

公元前 104 年 司马迁开始编撰《史记》。
公元前 100 年 苏武出使匈奴，被逼牧羊。
公元前 99 年 司马迁入狱。
公元前 89 年 汉武帝颁布《轮台罪己诏》。
公元前 87 年 汉武帝去世。

## 昭君出塞

汉元帝时，匈奴为了缓解与汉朝的紧张关系，决定向汉称臣，呼韩邪（yé）单（chán）于（yú）还向汉朝请求和亲。王昭君原是宫女，被汉元帝赐给了呼韩邪单于。

## 炒钢

将生铁用高温熔化后，反复搅拌，降低含碳量，得到低碳钢或熟铁。

## 丝绸之路

张骞出使西域，打通了东起长安，西至西亚的陆上丝绸之路。沿路各国通过丝绸之路进行贸易，极大地促进了经济的发展。丝绸之路是古代各国之间贸易往来最重要的通道之一。

## 察举制

公元前134 年，汉武帝确立了一套系统的人才选拔制度，即察举制。由各郡国每年向朝廷举荐有道德、有才能的人，经考察授予官职。



**公元前 61 年** 汉宣帝刘询（xún）出兵西羌。

**公元前 60 年** 汉朝设置西域都（dū）护府。

**公元前 33 年** 昭君出塞。

**公元前 7 年** 汉哀帝刘欣继位。

**公元 9 年** 王莽篡汉，建立新朝。

# 东汉

**公元 25—220 年**

代表帝王：汉光武帝（刘秀）、汉献帝（刘协）。
都城：洛阳、长安等。
人口：约 6500 万人。

**汉光武帝（刘秀）**

东汉的开国皇帝，他在位期间鼓励发展社会生产，百姓休养生息，国力非常强盛。

**张仲景**

东汉医学家，著有《伤寒杂病论》，是我国中医临床的重要参考著作。

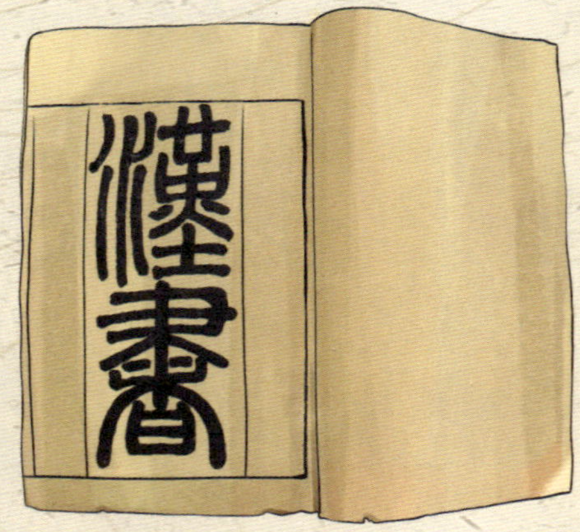



**《汉书》**

作者为班固，《汉书》主要记载了汉高祖元年到新朝四年之间的历史。

**班超**

东汉名将，班氏三杰之一。他用三十余年时间经营西域，巩固汉朝在西域的统治，保障丝绸之路的畅通。后出任西域都护，被封为“定远侯”。

**蔡伦**

东汉时，蔡伦改进了造纸术，用树皮、麻头等材料造纸，大大降低了造纸成本，这种纸又被称为“蔡侯纸”。

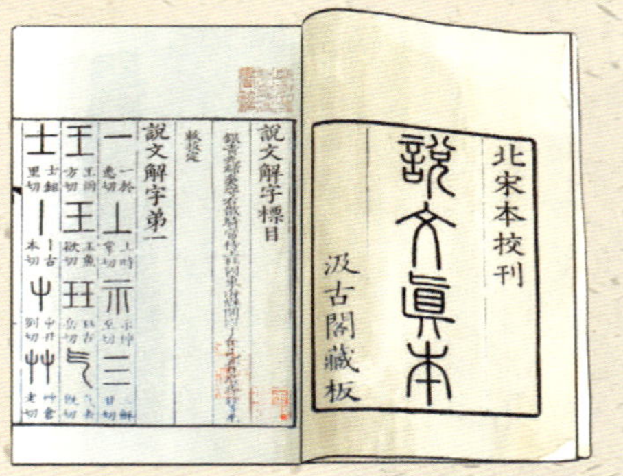



**《说文解字》**

作者为许慎，《说文解字》是中国第一部对汉字字形和字源进行系统分析的字书。

**井盐**

东汉时，四川自贡一带的人们通过打井的方式，将地下的卤水抽出来并制成盐，这种盐叫井盐。

**屯田制**

为了恢复生产，保证粮食产量，曹操施行屯田制。这一举措为曹操统一北方创造了物质条件。

**白马寺**

汉明帝时，有两位天竺高僧用白马驮着佛经与佛像来到洛阳。白马寺就是为纪念这件事而建造的。

**公元 25 年** 刘秀称帝，建立东汉，定都洛阳。

**公元 25—57 年** 光武中兴。

**公元 30 年** 减免佃（diàn）租及商税。

**公元 48 年** 匈奴内乱，分为南北两部。

**公元 57 年** 汉光武帝赐日本“汉委（倭 wō）奴国王印”。

## 汉服

汉明帝时期，确立了相对完善的着装制度，汉服的形制有了更明确的规定。

## 说唱俑

东汉时期的陶俑，造型是一位说唱艺人，表情喜庆，栩栩如生。

## 环首刀

东汉时期社会动荡，环首刀为当时使用广泛的一种兵器。

## 胡床

汉灵帝时，“胡床”从北方传入中原。隋唐时期人们把“胡床”改名为“交椅”。

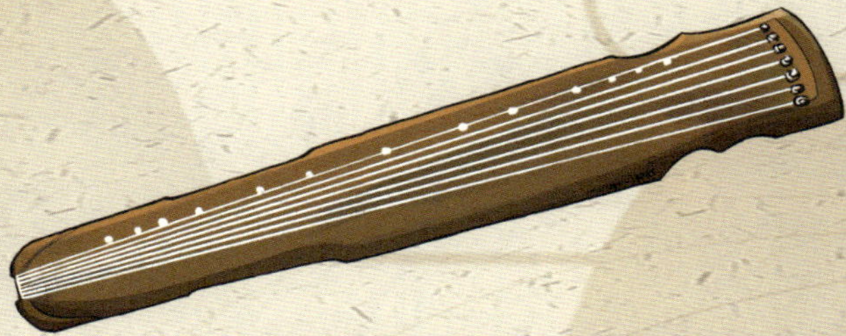

## 焦尾琴

传说，东汉音乐家蔡邕（yōng）逃亡时，在火中救出一段上好的梧桐木，蔡邕将其打造成了一张七弦琴。因为琴尾留有火中烧焦的痕迹，故得名“焦尾”。

## 东汉铜奔马

东汉最具代表性的青铜器，是国宝级的文物，又叫“马超龙雀”。

## 饺子

东汉张仲景为了治病而发明了饺子，后来逐渐变成中国的传统美食，延续至今。

## 蜀锦

中国三大名锦之一，因为产自蜀地，故名蜀锦。

## 重阳登高

相传，东汉时期瘟（wēn）疫肆（sì）虐，桓景在九月九日这天把百姓安置在高处，自己与瘟魔搏斗，并消灭了瘟魔。从此，重阳登高的传统便流传了下来。

## 东汉陶楼

东汉时期的一种陪葬品，参照死者生前的居所而制，工艺精巧，造型别致，为现代人们研究当时的建筑提供了宝贵参考。



**公元 64 年** 汉明帝派人去天竺求佛。

**公元 65 年** 佛教传入中原。

**公元 68 年** 修建白马寺。

**公元 73 年** 班超出使西域。

**公元 79 年** 白虎观会议。

# 东汉大事记

## 一、东汉建立

新朝末年天下大乱，刘秀带领的队伍趁势起兵。公元25年，刘秀称帝，是为汉光武帝，并定都洛阳。

## 二、匈奴内乱

公元46年，匈奴部落发生内乱。两年后，匈奴分成了南北两部。



- 公元89年：窦宪征讨北匈奴。
- 公元97年：班超派甘英出使大秦（罗马）。
- 100年：许慎著《说文解字》。
- 105年：蔡伦改良造纸术。
- 132年：张衡发明地动仪。

## 五、班超出使西域

公元 73 年，汉明帝派兵出击重新控制西域的匈奴，并派班超出使西域，使西域各国与汉朝重建联系。

## 三、汉光武帝赐日本"王印"

东汉初期国力强盛，日本列岛上许多部落都想与汉朝交好。其中一个大部落派遣使者到汉朝朝贡，汉光武帝赐其"汉委（倭）奴国王印"。

## 四、汉明帝求佛

汉明帝曾派遣使者到天竺求佛。使者带回两位天竺高僧和许多佛经、佛像。于是，汉明帝命人在洛阳修建了白马寺。

## 九、曹操统一北方

曹操将袁术、袁绍等人一一打败，统治了长江中下游以北的地区，北方统一的局面初步形成。

## 六、党锢（gù）之祸

东汉的两次党锢之祸分别发生在汉桓帝时期和汉灵帝时期。当时宦官专权，汉朝的士大夫受到严重打压。

## 七、黄巾之乱

因为党锢之祸，东汉百姓的生活十分艰难。在巨鹿人张角的号召下，很多百姓都加入了起义军。起义军的头上戴着黄色的头巾，被称为"黄巾军"。

## 十、东汉灭亡

曹操死后，其子曹丕上书给汉献帝，逼其禅让皇位，曹丕改国号为魏。至此，东汉灭亡。

## 八、官渡之战

200 年，曹操与袁绍爆发了官渡之战。曹操以少胜多，袁绍大败。官渡之战奠定了曹操北方霸主的地位。



- 166 年 第一次党锢之祸。
- 168 年 第二次党锢之祸。
- 184 年 黄巾起义爆发。
- 189 年 董卓废汉少帝，改立汉献帝。
- 190 年 袁绍讨伐董卓。

# 东汉文化

## 蔡伦改良造纸术

蔡伦是东汉的一名宦官，在他之前，中国便已经出现了造纸术，但由于成本高昂、工艺复杂，始终没有大规模推广。蔡伦总结了前人造纸的经验，尝试用价钱便宜的树皮、麻布等作为造纸的材料，终于成功改良了造纸术。

## 张衡对自然的探索

张衡出身世家大族，从小就对自然科学很感兴趣。长大后，他根据自己的理论和经验，完成了天文、地理学方面的很多重大课题。他发明的地动仪和浑天仪备受瞩目，极大地推动了中国天文、地理等学科的发展。

## 华佗发明麻沸散

华佗是东汉时的名医，擅长外科手术。他发现在进行外科手术的过程中，皮肉上的痛苦往往比疾病本身更让人难以承受。为了减少病人的痛苦，华佗经过反复实验，终于研制出了可以麻醉病人的药，他将这种药命名为“麻沸散”。

192 年 董卓被杀。

195 年 华佗发明麻沸散。

196 年 曹操挟天子以令诸侯。

197 年 袁术称帝。

200 年 官渡之战。

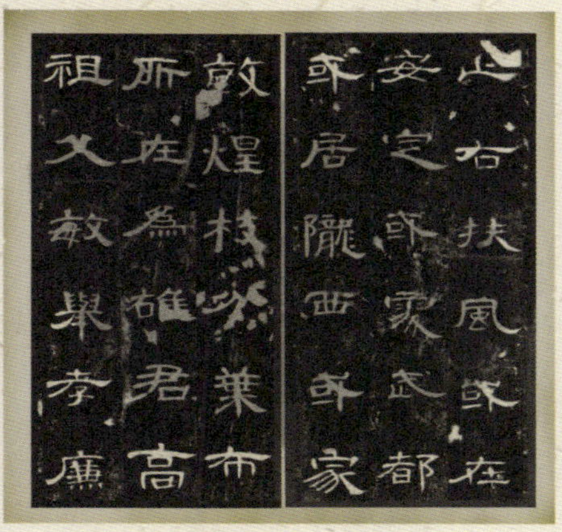
止右扶風或在
安定或處武都
或居隴西或家
敦煌枝分葉布
所在為雄君高
祖父敏舉孝廉

## 《曹全碑》

《曹全碑》全名《郃（hé）阳令曹全碑》，记录了黄巾起义时，郃阳百姓对朝廷的反抗以及郃阳令曹全对起义军的镇压，是非常重要的历史资料。曹全碑保存完整，是汉代隶书的代表作品，被后世的很多书法家推崇。

## 云纹铜牛灯

东汉时期的灯具。该灯造型精美，工艺考究，下面是一个水牛的形象，牛角延伸到灯的顶部，下方与牛腹相连。云纹铜牛灯充分体现了中国古代先进的制造工艺和超前的环保意识。

- **208 年** 赤壁之战。
- **216 年** 曹操自立为魏王。
- **219 年** 刘备自立为汉中王。
- **219 年** 孙权占领荆州。
- **220 年** 曹丕逼汉献帝禅让皇位，东汉灭亡。

# 三国

220—280 年

代表帝王：魏文帝（曹丕）、汉昭烈帝（刘备）、吴大帝（孙权）。
都城：洛阳、成都、建业等。
人口：约 3000 万人。

**汉昭烈帝（刘备）**

创建了蜀汉政权，后来折戟（jǐ）夷陵，在白帝城托孤于诸葛亮后病逝。

**吴大帝（孙权）**

东吴政权的缔造者。东吴在赤壁之战中赢得了胜利，与曹魏、蜀汉形成了三足鼎立之势。

**司马懿**

三国时期曹魏政权的权臣，他的后代建立了西晋政权。

**诸葛亮**

三国时期蜀汉的丞相，军事谋略家。一生辅佐刘备、刘禅，建立和巩固蜀汉，鞠躬尽瘁。著有传世之作《出师表》。

**魏文帝（曹丕）**

曹操的儿子，魏国的建立者。曹丕自幼文武双全，在诗词方面的建树也很高。

**周瑜**

三国时期东吴的名将，有勇有谋，能文能武，是一代英才，可惜英年早逝。

**曹植**

曹操的第三子，文章写得非常好，是建安文学的代表人物。

**蔡文姬**

东汉末年著名的女性文学家，在书法、文学、音乐等方面都有建树。

**关羽**

蜀汉的大将，以勇猛忠义著称。



- 220 年：曹丕篡汉，建立曹魏。
- 221 年：刘备称帝，建立蜀汉。
- 221—222 年：蜀吴夷陵之战。
- 222 年：曹丕封孙权为吴王。
- 223 年：刘备去世，诸葛亮与吴修好，与孙权达成联盟。

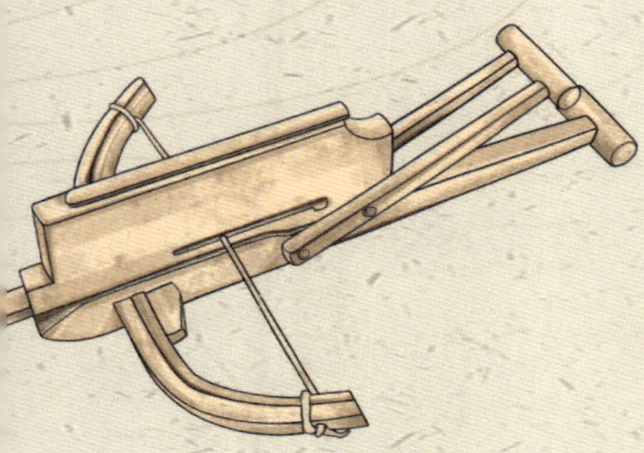

**诸葛连弩**

诸葛亮发明的一种武器，能够连续发射十支箭，比传统弓箭的杀伤力更大。

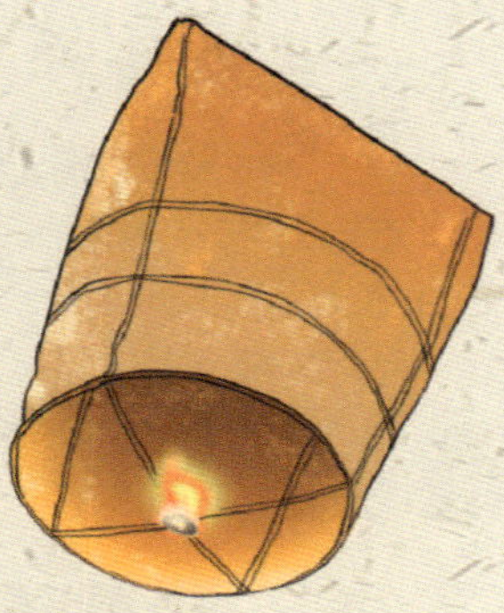

**孔明灯**

由诸葛亮发明，最初用于战争时传递信号，后来逐渐变成人们许愿的工具。

**指南车**

一种用来指示方向的工具。它与指南针不同，不用磁性，而是通过齿轮转动来指示方向的。

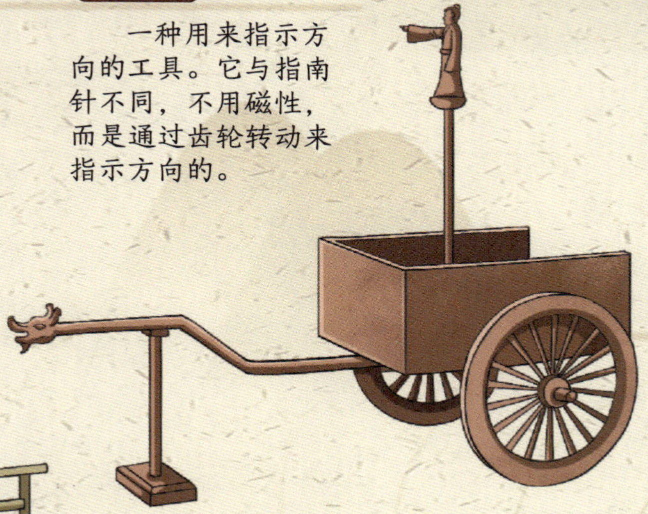

**楷书**

传说楷书这种书体是三国时期的书法家钟繇（yáo）发明的。

**巢车**

三国时期用于观察敌情的车辆，上面有望楼，能够调整高度。

**龙骨翻车**

三国时期为了更高效地灌溉农田而发明的一种车水工具。

**胡笳（jiā）**

中国北方民族的一种吹奏乐器。

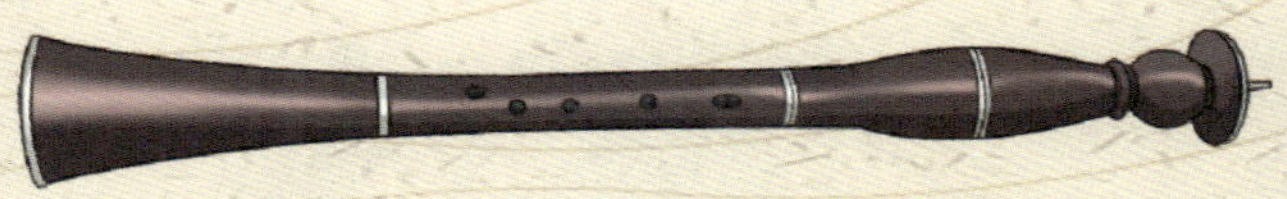

**三国青铜马**

三国时期的文物，体形高大、形制精美，被誉为“中华第一青铜马”。

**筒袖铠**

三国时期的一种铠甲，能够在作战的时候保护身体不受伤害。

**黄鹤楼**

始建于三国时期，当时主要作用于军事，后来逐渐变成了观赏楼。



- **225 年** 诸葛亮南征。
- **226 年** 司马懿被封为“骠（piào）骑大将军”。
- **227 年** 诸葛亮北伐。
- **229 年** 孙权称帝，建立吴国。
- **230 年** 吴派卫温率军到夷洲（台湾）。
- **234 年** 诸葛亮在五丈原病逝。

# 三国大事记

## 一、刘备称帝

赤壁之战后，刘备将荆州和益州纳入麾（huī）下，实力大增。221 年，刘备称帝，定国号为“汉”。

## 二、夷陵之战

221 年，刘备率军攻打东吴。两军在夷陵一带激战，蜀汉大军惨败。

## 三、诸葛亮北伐

刘备死后，诸葛亮为了完成刘备的遗愿，先后对曹魏发动了五次战争，但均以失败告终。

242 年 孙权攻打海南岛。

249 年 司马懿掌握曹魏实权。

260 年 魏帝曹髦（máo）被杀，司马昭立曹奂为帝。

262 年 司马昭杀名士嵇（jī）康。

## 六、姜维北伐

234 年，诸葛亮病逝于五丈原。刘禅命大将姜维继续北伐。从 238 年到 262 年，姜维共北伐了11 次之多。

## 四、石亭之战

228 年，魏国和吴国的矛盾升级。吴国的周鲂（fáng）用计假装归降魏国，魏国的曹休中计，致使魏国惨败。

## 五、孙权称帝

229 年，孙权称帝，建立东吴政权，后来迁都建业。

## 七、东兴之战

252 年，魏军攻打吴国。吴国统帅诸葛恪（kè）运筹帷（wéi）幄（wò），以4 万吴军击退了魏国的15 万大军。

## 八、司马昭伐蜀

263 年，司马昭派出三路大军伐蜀。蜀国艰难应对，最终战败，蜀国灭亡。

## 九、西晋灭吴

279 年，晋武帝司马炎率军攻打吴国。第二年，吴国孙皓（hào）投降，吴国灭亡。

263 年　司马昭伐蜀，蜀汉灭亡。

265 年　司马炎继承司马昭的晋王爵位。

266 年　司马炎称帝，国号为晋。

# 两晋

266—420 年

代表帝王：晋武帝（司马炎）、晋惠帝（司马衷）、晋元帝（司马睿）。
都城：洛阳、建康、长安等。
人口：约 3500 万人。

**晋武帝（司马炎）**

西晋的开国皇帝，本是曹魏的臣子，掌握实权后，逼迫魏帝让位，登基为帝。

**晋惠帝（司马衷）**

晋武帝司马炎的儿子，为人软弱，没有治国的能力，在位期间沦为傀（kuǐ）儡（lěi），政权被皇后贾南风操控。

**晋元帝（司马睿）**

东晋的开国皇帝。他在位时，王导等人专权，司马睿不得不“王与马，共天下”。后来司马睿在长期的忧愤下郁郁而亡。

**贾南风**

司马衷的皇后，容貌丑陋、善妒狭隘（ài），是“八王之乱”的始作俑者。

**王导**

东晋政治家，帮助司马睿建立东晋。王导在书法方面有很高的造诣，尤其擅长行草。

**裴秀**

魏晋时期的名臣，地图学家，著有《禹贡地域图》。

**陶渊明**

东晋著名的诗人，代表作《陶渊明集》。他不仅是田园诗派的创始人，还是写饮酒诗最多的诗人。

**墓壁砖画**

一种画像砖，内容丰富，题材多样，记录了当时百姓的生活百态。

**《洛神赋图》**

作者为东晋画家顾恺（kǎi）之。整幅画卷分为三部分，生动地展现了曹植与洛神之间美好真挚的爱情故事。

**王羲之**

东晋著名的书法家，代表作为《兰亭集序》，被后世誉为“书圣”。



272 年 吴晋西陵之战。
279 年 西晋出兵攻打吴国。
280 年 孙皓投降，东吴灭亡。
291 年 八王之乱。

**貂蝉冠**

两晋时期男子戴的一种冠，后来演变成高级官员在重大场合戴的礼冠。

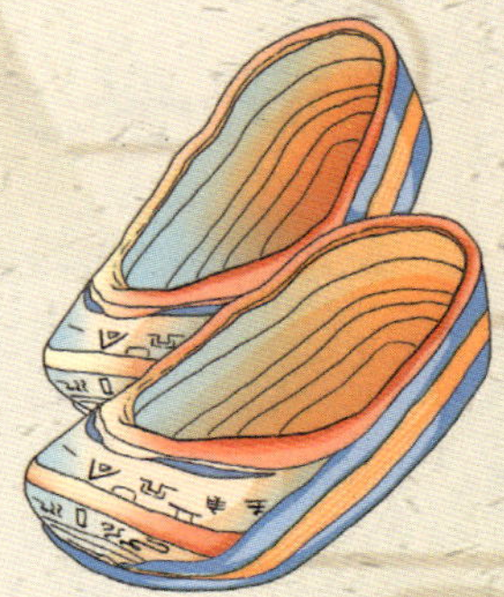

**笼冠大袖衫**

两晋时期人们穿着的服装。

**织纹锦履**

两晋时期女子穿的一种鞋子。

**鸭形玻璃注**

一件玻璃制品，原产自罗马帝国，后经西域传入中国。

**青瓷骑兽烛台**

西晋时期的文物，融入了儒、释、道三家思想，体现了当时人们的宇宙观和世界观。

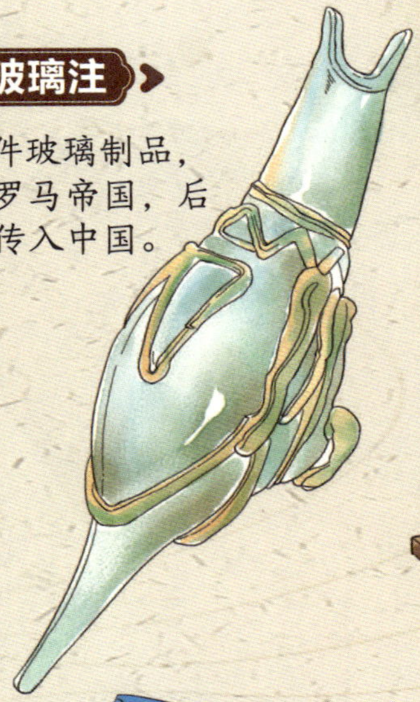

**对书俑**

一种陪葬品，刻画的是两晋人校对书稿的场景。

**藤角纸**

材料为藤皮，是当时使用比较广泛的一种纸。

**梁山伯与祝英台**

发生在东晋时期的凄美爱情故事。

**金山寺**

佛教建筑，始建于东晋，当时主要用于诵经、拜佛、做法事。

**坞（wù）堡**

一种防御性建筑。两晋时期，很多富豪修筑坞堡来保护自己的财产不受侵害。



294 年 匈奴反叛。

296 年 氐族首领齐万年起兵反晋。

301 年 司马伦篡位。

306 年 “八王之乱”平息。

307 年 永嘉南渡。

# 两晋大事记

## 一、西晋建立

265 年，司马昭去世，司马炎继承了司马昭的爵位，独揽曹魏大权。不久，司马炎逼魏帝曹奂让位，自己称帝，创建了西晋。

## 二、八王之乱

司马衷在位时，皇后贾南风乱政，司马家族八个手握重兵的封王为争夺中央政权而大动干戈，史称“八王之乱”。

## 三、永嘉南渡

八王之乱后，西晋王朝的国力日渐衰弱，北方的游牧民族不断内迁和争战。北方的大批汉族百姓不得不离开故土，南迁到江左一带，使江南地区得到了开发。

304 年 刘渊建立赵汉。

308 年 刘渊称帝。

311 年 永嘉之乱。

313 年 祖逖（tì）北伐。

316 年 西晋灭亡。

317 年 东晋建立。

## 四、刘渊称帝

304年，匈奴人刘渊自称汉王，追尊蜀汉后主刘禅，开创赵汉。308年，刘渊正式称帝，迁都平阳。

## 五、永嘉之乱

311年，刘渊的儿子刘聪派兵攻打西晋，并攻破西晋都城洛阳，俘虏了晋怀帝。

## 六、西晋灭亡

313年，晋怀帝被害，晋愍（mǐn）帝继位，定都长安。316年，匈奴攻下长安，西晋就此灭亡。

## 七、东晋建立

317年，司马睿在建康（今南京）称帝，建立了东晋。当时司马睿势单力薄，依靠王导才稳定了各方势力，使东晋政权得以存续。

## 九、刘宋代晋

420年，大将刘裕废晋恭帝，自立为帝，国号为宋，定都建康。

## 十、竹林七贤

两晋时期玄学的七位代表人物，他们才华横溢、不拘世俗，面对皇权也丝毫不妥协。他们不合作的态度惹怒了司马氏，导致最后分崩离析。

## 八、淝（féi）水之战

383年，前秦在淝水与晋军交战。当时前秦大军有80万，而晋军只有8万，晋军以少胜多，大破前秦。此战也是中国历史上著名的以少胜多的战役。

322年 王敦之乱。

327年 苏峻之乱。

354—369年 桓温北伐。

383年 淝水之战。

420年 刘裕建立“刘宋”，东晋灭亡。

# 南北朝

**南朝 420—589 年**
**北朝 386—581 年**

代表帝王：宋武帝（刘裕）、周武帝（宇文邕）、陈武帝（陈霸先）、齐文宣帝（高洋）。
都城：洛阳、建康、长安等。
人口：约 5000 万人。

**宋武帝（刘裕）**

南朝刘宋的开国皇帝，取代东晋，自立为帝。

**陈武帝（陈霸先）**

南朝陈国的开国皇帝，本是南梁的臣子，后来取而代之。

**齐文宣帝（高洋）**

北朝齐国的开国皇帝，早年征战四方，堪称“英雄天子”。后期暴虐无度，最终酗酒而亡。

**高纬**

北朝齐国的皇帝，是有名的昏君。在位期间肆意杀戮（lù），致使民不聊生。

**侯景**

南北朝时期的名将，发动过侯景之乱。侯景自立为帝，定国号为汉，最后被部下杀死。

**祖冲之**

南北朝时期著名的数学家、天文学家，为中国古代数学研究做出了很大贡献，创制当时最先进的历法《大明历》。

**贾思勰（xié）**

南北朝时期著名的农学家，著有《齐民要术》，该书是我国现存最早的一部完整的农书，对后世的农学发展有深远影响。

**任昉（fǎng）**

“竟陵八友”之一，南北朝时期的文学家。

**谢朓（tiǎo）**

“竟陵八友”之一，南北朝时期的文学家。

**于栗磾（dī）**

北魏名将，武艺高超，打了很多胜仗，被封为“黑槊（shuò）将军”。



- 420 年：刘裕建立刘宋。
- 429 年：北魏讨伐柔然。
- 430 年：刘宋第一次北伐。
- 439 年：北魏统一北方。
- 446 年：北魏太武帝灭佛。

**悬空寺**

建造于北魏后期，建筑整体处于悬空状态，离地六十余米，建造工艺非常考究。

**龙门石窟**

始建于北魏时期，建造了四百余年才完成，是世界上造像最多、规模最大的石刻艺术宝库。

**胡服**

北齐人当时穿着的服饰。

**寒人**

南北朝时期门第低微的社会阶层。

**织锦**

南北朝时期的人们已经能给布料染色，制成美丽的图案，再用这种布料制衣。

**麻黄纸**

南北朝时期使用的纸。因为造纸工艺的提升，麻黄纸的纸质更细腻，成本也更低廉。

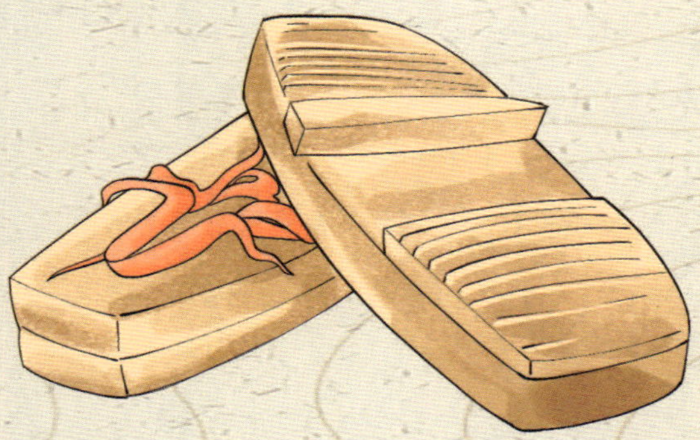

**谢公屐（jī）**

南朝诗人谢灵运发明的一种鞋子，当时主要用于登山。

**《木兰诗》**

讲述了花木兰女扮男装，替父从军的故事。

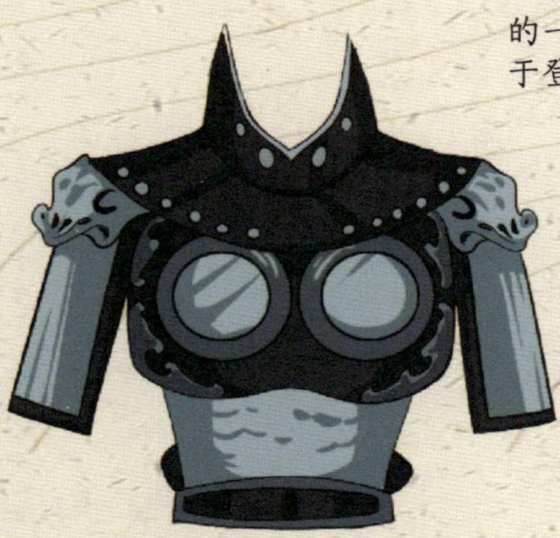

**明光铠**

南北朝时期流行的一种铠甲，胸前有两片护胸。

**《孔雀东南飞》**

中国古代最长的叙事诗，讲述了焦仲卿和刘兰芝的爱情故事，最早收录于南朝陈徐陵编集的《玉台新咏》中。



|  |  |
| --- | --- |
| 460 年 | 云冈石窟开凿。 |
| 479 年 | 南齐建立，刘宋灭亡。 |
| 482—493 年 | 齐武帝永明之治。 |
| 494 年 | 北魏孝文帝推行汉化措施，并迁都洛阳。 |
| 496 年 | 北魏改用汉姓。 |

# 南北朝大事记

## 一、刘宋建立

420 年，刘裕建立刘宋，定都建康。刘裕登基以后，采取了很多措施，鼓励发展生产。

## 二、北魏统一北方

拓跋焘（tāo）继位以后，刘裕在南方的势力还比较大。于是，拓跋焘决定先统一北方，让北魏在中原占据一席之地。

## 三、太武帝灭佛

北魏太武帝时实行全民皆兵政策，很多人为了逃避兵役出家。太武帝下令，50 岁以下的和尚须全部服兵役，后来逐渐变成了灭佛。

## 四、云冈石窟

460 年，北魏文成帝下令开凿云冈石窟。但由于战乱、经济等因素，石窟的开凿暂停了数次。524 年，云冈石窟终于开凿完成。



502 年　南梁建立，南齐灭亡。

524 年　六镇起义。

526 年　葛荣建齐。

534 年　北魏分裂。

548 年　侯景之乱。

## 五、祖冲之著《大明历》

祖冲之从小就对天文学表现出极大的兴趣，后得到刘宋孝武帝的重用，专心进行天文学研究，编制出了《大明历》。

## 六、永明之治

齐武帝在位时，重视人才的培养。他与北魏建立友好关系，使边境安定，百姓生活富足。

## 七、六镇起义

北魏末年天灾不断，加之朝廷腐败，边境人民生活在水深火热之中。沃野等6镇的守将揭竿而起，引发了一系列农民起义。

## 八、北魏分裂

534 年，北魏大乱，分裂成了东魏和西魏。东魏后来被北齐取代，西魏则被北周取代。

## 九、侯景之乱

侯景原本是东魏的将领，后来投奔南梁。548 年侯景在南梁发动叛乱，次年攻占南梁都城，自立为帝。

## 十、北齐灭亡

北周为了扩大版图，对北齐发动战争，灭掉了北齐。

550 年：北齐建立，东魏灭亡。

557 年：北周建立，西魏灭亡。

557 年：南陈建立，南梁灭亡。

577 年：北周统一北方。

581 年：杨坚建立隋朝，北周灭亡。

# 隋朝

581—618 年

代表帝王：隋文帝（杨坚）、隋炀帝（杨广）。
都城：大兴、洛阳。
人口：约 5032 万人。

**隋文帝（杨坚）**

本是北周的臣子，后接受了北周静帝的禅让，建立隋朝。杨坚登基后，施行了一系列有利于国家与百姓的制度，政绩卓著，是一位明君。

**隋炀帝（杨广）**

隋文帝杨坚的次子，在位期间用度奢靡，修建大运河、三征高句（gōu）丽、迁都洛阳，不恤民力，导致民怨沸腾。

**独孤伽罗**

隋文帝的皇后，隋炀帝的生母，是历史上以贤德著称的一位皇后。

**宇文化及**

隋朝末年的将领，他发动政变，杀死了隋炀帝，随后自立为帝，定国号为许。

**杨素**

隋朝名臣，曾帮助隋炀帝争夺储位。

**王通**

隋朝的思想家，精通儒学，曾效仿孔子著《王氏六经》，可惜该书在唐代失传了。

**王世充**

隋朝末年，隋炀帝被宇文化及杀死之后，王世充拥立越王杨侗（dòng）为帝，后来自立为帝，定国号为郑。

**韩擒虎**

隋朝名将，骁勇善战，在很多战役中屡立奇功。

**宇文恺**

隋朝的建筑家，在大兴城设计过程中提出过很多独到见解。

**铁拐李**

传说是隋朝的道士，后来成了“八仙”之一。



- 581 年：杨坚称帝，建立隋朝。
- 581 年：颁布《开皇律》。
- 582 年：兴建大兴城。
- 583 年：迁都大兴城。
- 587 年：推行科举制。

**大兴城**

隋文帝下令修建的大兴城是当时最繁华的城市。

**科举制**

隋文帝实行科举选官，让更多的寒门学子有机会走入仕途，也推动了教育的发展。

**大运河**

隋炀帝在位时，为了打通南北交通，命人开凿大运河。大运河的开凿虽然为隋朝的百姓带来了深重的苦难，但利在千秋，便利了南北经济文化交流。

**赵州桥**

隋朝工匠李春设计并建造的赵州桥，是世界上现存的最古老的单孔坦弧敞肩石拱桥。

**金玉带**

出土于隋炀帝的墓葬。

**含嘉仓**

位于洛阳，修建于隋朝，是当时最大的国家粮库。

**驰道**

隋炀帝为了征讨高句丽，特命人修建了驰道，使军队行军更加畅通无阻。

**万国来朝**

隋朝的国力非常强大，当时，周边的很多国家都会送来贡品示好。



- **589年** 隋朝统一全国。
- **593年** 雕版印刷术诞生。
- **600年** 杨勇被废，杨广被立为太子。
- **604年** 隋炀帝杨广登基。
- **605年** 隋炀帝兴建洛阳城，开凿大运河，一下江都。

# 隋朝大事记

## 二、兴建大兴城

隋文帝想将都城定在长安。但长安破败不堪，重修的难度很大。于是，隋文帝决定兴建大兴城，作为新的都城。

## 一、隋朝建立

581 年，北周静帝将皇位禅让给了当时的丞相杨坚，杨坚建立隋朝。

## 三、设立科举制

隋文帝登基后，觉得九品中正制让世家大族几乎垄断了选官渠道。于是，设立了科举制，让更多寒门学子可以入朝为官，扩大了统治基础。

**607 年** 隋炀帝巡视北方，修筑长城。

**610 年** 隋炀帝二下江都。

**611 年** 隋末农民起义爆发。

**612 年** 一征高句丽。

**613 年** 二征高句丽。

## 四、统一全国

隋文帝平定了边疆之后，三吴等地见隋朝如此强大，纷纷投降。589 年，隋朝统一了全国。

## 五、创立三省六部制

隋文帝为了巩固自己的权力，废除了北周原本的官爵制度，创立了三省六部制。

## 六、改立太子

隋朝最初的太子是杨勇。次子杨广心思深沉，陷害杨勇，想要取而代之。最终隋文帝废了杨勇，改立杨广为太子。

## 七、迁都洛阳

隋炀帝杨广成功继位后，觉得洛阳的地理位置更好，便决定迁都洛阳。

## 八、开凿大运河

隋炀帝为了更快地将物资运送到洛阳，下令开凿大运河。

## 九、三下江都

江都风景优美、物产丰富，隋炀帝在位期间，曾三下江都，每次出行的排场都很大，这也为隋朝的灭亡埋下了祸根。

## 十、隋末兵变

隋炀帝的奢侈无度和好大喜功耗费了大量的钱财，朝廷不得不增加赋税和徭（yáo）役。隋朝末年，百姓生活艰难，纷纷起兵造反。最终，隋炀帝在江都被杀，隋朝灭亡。



614 年 三征高句丽。

616 年 隋炀帝三下江都。

617 年 李渊攻破长安，拥立杨侑（yòu）为帝。

618 年 李渊自立为帝，灭隋，建立唐朝。

# 唐朝

618—907 年

代表帝王：唐高祖（李渊）、唐太宗（李世民）、唐玄宗（李隆基）。
都城：长安、洛阳。
人口：约 8000 万人。

**唐高祖（李渊）**

唐朝的开国皇帝。隋炀帝死后，隋恭帝杨侑上位，后来隋恭帝将皇位禅让给李渊，唐朝建立。

**唐太宗（李世民）**

李渊的次子。为了与太子李建成争夺皇位，李世民发动了玄武门之变。随后，他成为太子，并顺利登基。

**安禄山**

唐玄宗时期，安禄山和史思明发动了安史之乱。安禄山自立为帝，定国号为大燕。

**杨贵妃（杨玉环）**

唐玄宗李隆基的宠妃，中国古代四大美女之一，在安史之乱中死在了马嵬（wéi）坡。

**狄仁杰**

武则天时期的名臣，在武则天晚年犹豫要不要将天下还给李氏的时候，狄仁杰劝其立李显为太子。

**郭子仪**

唐朝中期名将，在平定安史之乱中做出了巨大贡献。

**玄奘**

唐朝高僧，曾西行到天竺求取佛法，被尊称为“三藏法师”。

**武则天**

武则天是中国历史上第一位，也是唯一一位女皇。她在位期间为了巩固自己的地位和权力，杀害了很多李唐宗室子弟，但她也实施了很多对国家和人民有利的措施，国家在她的统治下更加强盛。

**孙思邈（miǎo）**

唐朝著名的医药学家，著有《千金要方》，被后世称为“药王”。



621 年 李世民平定东都（今洛阳）。

626 年 玄武门之变，唐太宗李世民登基。

627—649 年 贞观之治。

627 年 玄奘赴天竺取经。

**布达拉宫**

唐朝时，吐蕃赞普松赞干布迎娶文成公主。为表诚意，松赞干布修建了集宫殿、城堡和寺庙于一体的布达拉宫，直到今天仍然为世人所赞叹。

**大雁塔**

玄奘西行到天竺，带回了大量佛经和佛像，为了保存这些珍品，玄奘主持修建了大雁塔。

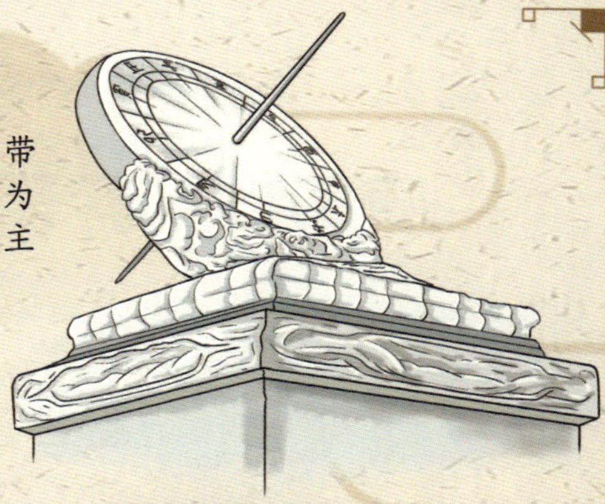

**日晷（guǐ）**

古代中国人为了计时而发明的一种仪器，与现代钟表的作用类似。

**筒车**

唐朝时广泛使用的一种提水机具，主要用于农田灌溉。

**曲辕犁**

唐朝时发明的一种耕犁。相比于传统耕犁，曲辕犁更方便操作，耕地效率更高。

**荔枝**

唐代，产于巴蜀地区，是一种名贵水果。杨贵妃很喜欢吃荔枝，唐玄宗为了让她吃上荔枝，不惜耗费大量人力、物力，修800千米驿道，飞马传输。

**赤金走龙**

晚唐文物，共12件，造型别致、做工精美，据推测可能是唐朝道教的一种法器。

**夜光杯**

一种由玉制成的酒具，将葡萄酒倒入其中后，在月光下会呈现出耀眼的光芒。

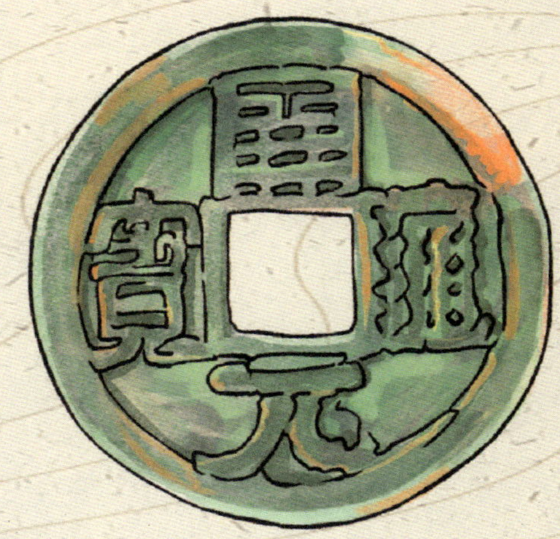


**货币**

唐初使用的货币是隋朝的五铢钱。后来，唐高祖李渊推行的开元通宝成为唐朝的主要货币。

**山文锁子甲**

唐朝军队的一种铠甲。



- 630 年 东突厥灭亡。
- 641 年 松赞干布迎娶文成公主。
- 645 年 玄奘回长安。
- 649 年 李世民去世，唐高宗李治继位。
- 655 年 李治立武则天为皇后。

# 唐朝大事记

## 一、唐朝建立

隋朝末年天下大乱，李渊乘势起兵，攻下长安，立杨侑为隋恭帝。随后，李渊逼隋恭帝禅位，建立唐朝。

## 二、玄武门之变

李渊在位时，立长子李建成为太子，次子李世民不服，发动了玄武门之变，杀害了李建成。李渊只能立李世民为太子，将皇位传给他。

664 年 二圣临朝。

683 年 李治去世，唐中宗李显继位。

684 年 武则天废李显，立唐睿宗李旦为帝。

690 年 武则天称帝，改唐为周。

702 年 武则天创立武举制度。

## 三、文成公主和亲

唐太宗在位时期，吐蕃（bō）赞普松赞干布来唐求娶公主。唐太宗将一宗室女封为文成公主，嫁给松赞干布。这次和亲保证了大唐与吐蕃边境两百多年的安宁。

## 五、武则天称帝

690 年，武则天正式称帝，定国号为周，成为中国历史上唯一一位女皇。

## 六、神龙政变

武则天晚年政治疲敝，身体欠佳，当时的宰相张柬（jiǎn）之与太子李显（唐中宗）联合，逼武则天将天下还给李唐，武则天被迫退位。

## 四、二圣临朝

唐高宗李治在位时，皇后武氏为了巩固自己的权力和地位，说服唐高宗让自己与他一起上朝，垂帘听政。二圣临朝奠定了武则天日后称帝的基础。

## 七、开元盛世

唐玄宗在位期间，重视人才，整顿吏治，大力发展农业，经济空前繁荣，唐朝的国力也达到了巅峰。

## 八、安史之乱

唐玄宗后期，安禄山和史思明发动了安史之乱，虽然最后动乱被平息，但这是唐朝由盛转衰的开始。

## 九、甘露之变

安史之乱后，朝廷中宦官乱政，唐文宗李昂想要扭转这一局面，便命李训等人诛杀宦官头目仇士良。但计划被仇士良发觉，很多朝臣受到打击，朝列几乎为之一空。

## 十、黄巢起义

唐朝末年，黄巢带领农民军发动起义，虽然最后起义失败了，但在很大程度上动摇了唐朝的统治，为唐朝的灭亡埋下了伏笔。

- 705 年：神龙政变，李显复位，复国号唐。
- 712 年：唐玄宗李隆基继位。
- 754 年：鉴真东渡到达日本。
- 755 年：安史之乱爆发。
- 756 年：唐肃宗李亨在灵武称帝，安禄山在洛阳称帝。
- 757 年：郭子仪收复长安。

# 唐朝文化

## 文学巨匠

唐朝是当时世界上最繁荣强大的国家之一，经济发达、思想开放。在这种条件下，文学得到空前发展，出现了很多文学巨匠，如李白、杜甫、白居易、韩愈、柳宗元等。这些文学巨匠创造出了无数为世人传诵的作品。

## 武举

武则天在位时期，为了全方位选拔人才，开创了武举制度。武举考试由马射、步射、马枪、摔跤等项目组成，为朝廷选拔出了很多军事人才。郭子仪等唐朝名将就是由武举选拔出来的。

762 年 李白去世。

763 年 安史之乱平定。

770 年 杜甫去世。

805 年 永贞内禅。

824 年 韩愈去世。

## 唐三彩

全名唐代三彩釉（yòu）陶器，整体主要有黄、绿、白三种颜色，因此得名“唐三彩”。唐三彩的工艺考究，极具特色。最常见的唐三彩陶器是三彩马。

## 火药

火药是中国四大发明之一，最初是方士炼丹时发现的，后来人们将其做成了烟花。发展到唐朝时，火药已经广泛应用于军事领域了。起初，人们将易燃物绑在箭头上射出去，以烧毁敌人的营帐或粮草，发展到后期，人们将易燃物换成了火药，杀伤力更大。

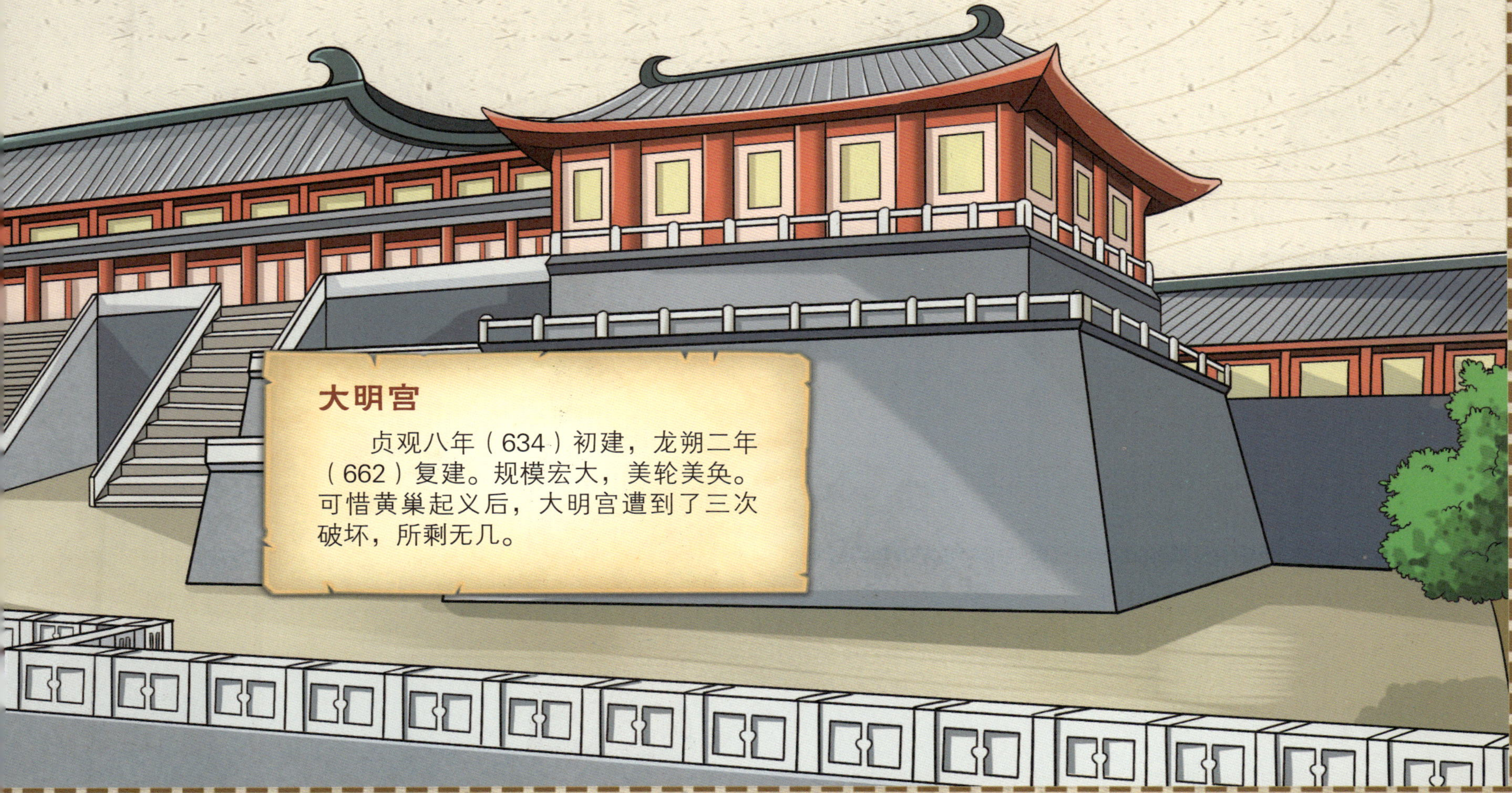

## 大明宫

贞观八年（634）初建，龙朔二年（662）复建。规模宏大，美轮美奂。可惜黄巢起义后，大明宫遭到了三次破坏，所剩无几。



835 年 甘露之变。

859 年 唐末农民起义爆发。

878—884 年 黄巢起义。

905 年 白马驿之祸。

907 年 朱温灭唐，后梁建立。五代十国时期开始。

# 五代十国

907—979 年

代表帝王：后梁太祖（朱温）、后唐庄宗（李存勖）、后汉高祖（刘知远）、后周太祖（郭威）。
都城：东都、东京等。
人口：约 3000 万人。

**后梁太祖（朱温）**

后梁的开国皇帝，也是开启五代十国的第一位皇帝。907 年，朱温灭唐，建立后梁。

**辽太宗（耶律德光）**

辽代皇帝，927 年正式继位，参与过灭后唐和后晋。

**后汉高祖（刘知远）**

后汉的开国皇帝，曾跟随过唐明宗和晋高祖，后来自立为帝，建立后汉。

**后周太祖（郭威）**

后周的开国皇帝，本是后汉的臣子，后来起兵反叛，建立后周。

**后唐庄宗（李存勖）**

后唐的开国皇帝，文武双全，善战善谋，923 年建立后唐。

**周世宗（柴荣）**

郭威的义子，郭威死后将皇位传给了他。柴荣在位时励精图治，是一代明君。

**楚武穆王（马殷）**

南楚的开国君主。907 年，被朱温封为楚王；927 年建立楚国。

**王彦章**

后梁的将领，打过很多胜仗，后来被后唐军所俘，拒降被杀。

**冯道**

五代时期的名臣，辅佐过十位帝王。

**呼延赞**

本是后周名将，后来得到宋太祖赵匡胤的赏识，助赵匡胤夺得天下。



- 907 年：朱温建立后梁，王建建立前蜀。
- 909 年：后梁迁都洛阳。
- 911 年：晋梁柏乡之战。
- 913 年：洛阳兵变。
- 916 年：耶律阿保机建契丹。

## 《韩熙载夜宴图》

作者是南唐画家顾闳（hóng）中，该画描绘了韩熙载夜晚设宴的景象，画作颜色丰富、笔触细腻，是不可多得的佳作。

## 雁门关

长城上的关隘，位于现在的陕西省忻（xīn）州市。雁门关的最大特点就是“险”，最初是秦始皇为抵御匈奴所建。后晋时，雁门山成为后晋和契丹的分界线，雁门关成为中原王朝和北方少数民族政权对峙的前沿阵地。

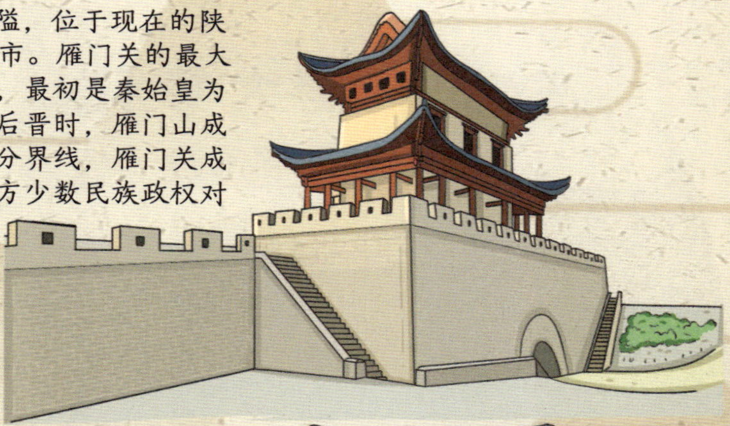

## 大理国

五代至宋以白族为主体的西南地方政权。信奉佛教，大理国的君主晚年多会出家为僧。

## 二十四伎乐

出土于前蜀君主王建的墓葬。王建生前非常喜爱音乐，所以命人雕刻了二十四个伎乐俑陪葬。

## 春联

后蜀的最后一个皇帝孟昶（chǎng）发明了中国历史上最早的春联。

## 沧州铁狮子

传说是柴荣命人所铸，用于镇守沧州。制作工艺比较特殊，用的是“泥范明浇法”，是当时比较先进的一种技术。

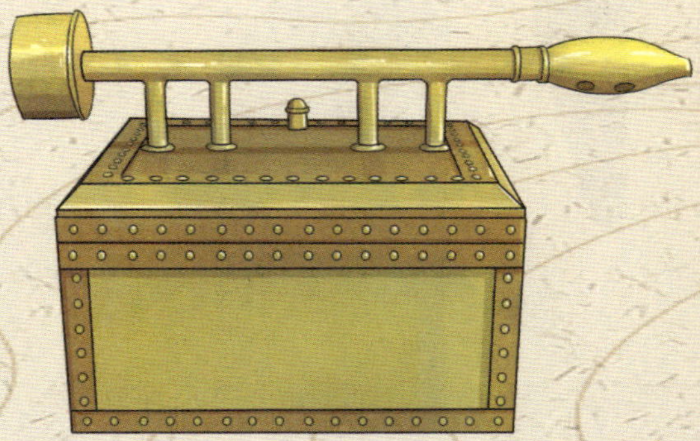

## 猛火油柜

五代十国时期的一种武器，能够喷火御敌。

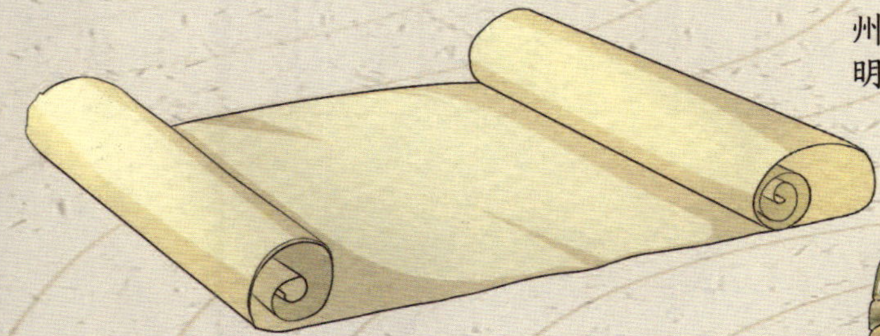

## 澄（chéng）心堂纸

五代十国时期很有名的一种纸，因其极佳的品质深受南唐皇室喜爱。

## 人首鱼身俑

一种陪葬品，据说其可守护墓主人，并保佑墓主的后世子孙平安顺遂。



917 年 刘岩建大越，次年改国号为汉，史称南汉。

923 年 李存勖建立后唐。

924 年 契丹征服漠北。

925 年 后唐灭前蜀。

926 年 契丹灭渤海国。

# 五代十国大事记

## 一、朱温灭唐

907年，朱温逼迫唐哀帝禅位，唐朝灭亡。朱温建立后梁，五代十国拉开序幕。

## 二、洛阳兵变

912年，朱温病重，想让自己的养子朱友文继位。朱温的次子朱友珪知道后，弑父杀兄，自立为帝。次年，朱温的三子朱友贞倒戈逼宫，朱友珪被迫自尽。

## 三、后唐建立

洛阳兵变后，后梁国力日衰，晋王李存勖趁机对后梁发动战争。923年，李存勖称帝，国号唐，史称后唐。

- 936年：后唐覆灭，后晋建立。
- 936年：后晋割让燕云十六州给契丹。
- 937年：后晋迁都汴州（开封）。
- 943年：南唐烈祖李昪（biàn）去世，南唐中主李璟继位。
- 947年：契丹改国号为大辽，刘知远建立后汉。

## 四、大理建国

段思平本是南诏的臣子，因受小人谗（chán）言之害，决定起兵反叛，937 年建立大理国，史称前理。

## 五、后晋割地

936 年，后晋将燕云十六州割让给了契丹，以求契丹帮助其渡过难关。

## 六、契丹建辽

947 年，辽太宗耶律德光在汴（biàn）京称帝，国号大辽。

## 七、后汉建立

辽国的建立让中原百姓的生活愈发艰难，中原百姓纷纷奋起反抗，辽国被迫北返。刘知远趁此机会壮大自己的势力，建立了后汉。

## 八、郭威灭汉

郭威本是后汉的臣子，但汉隐帝不信任他，想对其发兵。郭威起兵反叛，杀死了汉隐帝，自己称帝，建立后周。

## 九、高平之战

954 年，契丹和北汉联军与后周发生战争。后周赢得了胜利。

## 十、千古词帝

975 年，南唐后主李煜（yù）兵败被俘。978 年，李煜被宋太宗赵光义赐死。李煜在书法、诗文、绘画、音律等方面都有很深的造诣，对后世的影响很大，被誉为“词帝”。



950 年 郭威起兵灭后汉。

951 年 郭威建立后周。

951 年 刘崇建立北汉。

954 年 北汉、契丹联军同后周高平之战。

# 北宋

960—1127 年

代表帝王：宋太祖（赵匡胤）、宋太宗（赵光义）。
都城：东京。
人口：约 12 600 万人。

**宋太祖（赵匡胤）**

北宋的开国皇帝，陈桥兵变后黄袍加身，取代后周建立宋朝。

**苏轼**

北宋著名的文学家，与父亲苏洵、弟弟苏辙并称“三苏”，是“唐宋八大家”之一。

**王安石**

北宋文学家、改革家，为官期间推行变法，但受到保守派的排挤，最后郁郁而终。

**包拯**

北宋时期的名臣，因其执法严明、公正不阿（ē）而深受百姓爱戴，被百姓称为“包青天”。

**杨业**

北宋将领。杨家世代为北宋尽忠，全家儿郎几乎都战死疆场，他们的事迹被后世传颂，人们称他们为“杨家将”。

**《清明上河图》**

北宋画家张择端所绘，生动地描绘了北宋年间汴梁城的市井百态，是中国十大传世名画之一。

**交子**

北宋时流通的一种货币，也是中国历史上最早的纸币。

**太师椅**

北宋很流行的一种椅子，造型与交椅类似。

**岳阳楼**

岳阳楼始建于东汉建安二十年（215），北宋庆历五年（1045）滕（téng）子京重建。让岳阳楼名扬天下的是范仲淹所写的《岳阳楼记》。



- 960 年：赵匡胤陈桥兵变，建立北宋。
- 961 年：杯酒释兵权。
- 975 年：南唐灭亡。
- 976 年：宋太祖赵匡胤去世，宋太宗赵光义继位。
- 979 年：北宋灭北汉，五代十国结束。

## 五大名窑

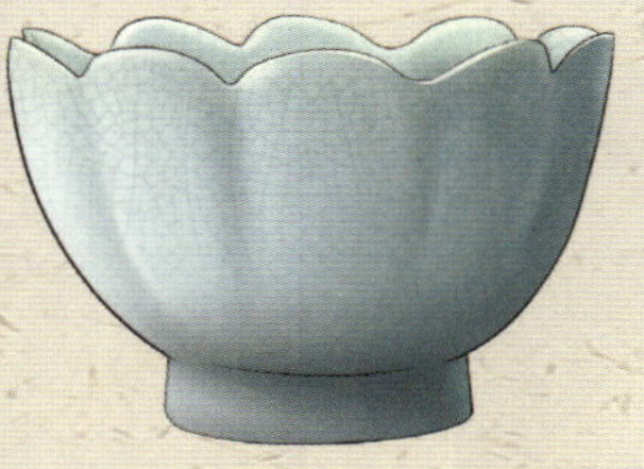

**（1）汝窑**

五大名窑之首，其瓷器有非常独特的色泽，传世极少，珍贵异常。

**（2）官窑**

其瓷器以素面为主，装饰很少，多呈铁黑或粉青色，极具中国古典艺术的美感。

**（3）哥窑**

其瓷器特点是有均匀细腻的开片，被称为“金丝铁线”。

**（4）定窑**

其瓷器以白瓷为主，但不是纯白，是高级的暖白色，釉面中还带有微闪，很受当时人们的喜爱。

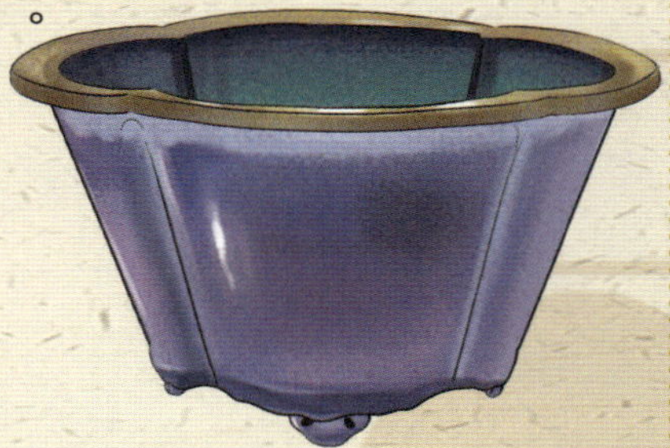

**（5）钧窑**

其瓷器颜色艳丽，除了青色，还有玫瑰紫、天蓝、月白等颜色，体现了北宋瓷器制作的最高水平。

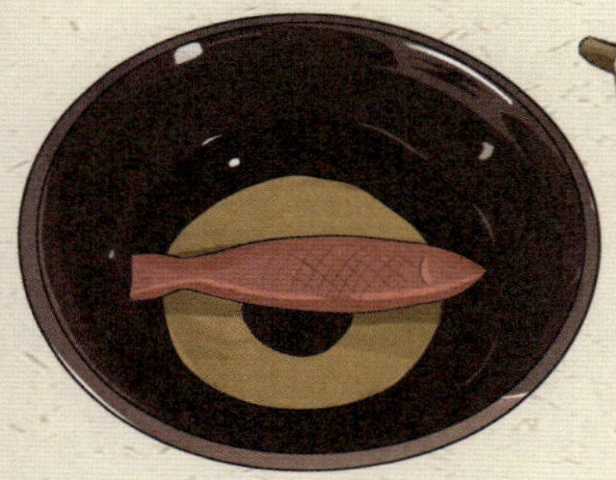

**指南鱼**

一种指明方向的器具，与司南的功能、原理类似。

**夜市**

北宋的夜生活非常丰富，夜市也非常热闹，吃喝玩乐应有尽有。

**《梦溪笔谈》**

北宋科学家沈括所著，内容涉及面很广，是古代的“百科全书”。

**瓦舍**

北宋时期城市中固定的娱乐场所。

**傀儡戏**

北宋时期民间流行的一种戏曲类型，又叫“木偶戏”。

**神舟**

北宋时期建造的客船，体形非常大，充分体现了北宋时期精湛的造船水平。



- 980年 杨业在雁门大破辽兵。
- 993年 王小波青城起义。
- 1005年 宋辽澶（chán）渊之盟。
- 1008年 宋真宗封禅泰山。
- 1037年 苏轼出生。

# 北宋大事记

## 一、杯酒释兵权

赵匡胤建立宋朝以后，为了避免将领反叛，召集禁军将领宴饮，以高官厚禄为条件，让将领们交出手中的兵权。

## 二、杨业抗辽

980 年，辽国大军直逼雁门关，杨业带领宋军抗击辽国，大获全胜。从此以后，杨业的名字令辽国军队闻风丧胆。

## 三、澶（chán）渊之盟

辽宋交战多年，终于在 1005 年签订了盟约，两国以白河沟为界，不再交战，但宋每年要给辽很多贡品。

## 四、李元昊建西夏

1038 年，党项族首领李元昊建西夏，定都兴庆府（今银川）。此后，宋、辽、西夏三分天下。

## 五、毕昇（shēng）发明活字印刷术

北宋时期，毕昇在总结前人经验的基础上，发明了胶泥活字印刷术。这一创举极大地提高了印刷效率，促进了文化传播与交流。活字印刷术是中国古代四大发明之一。



- 1038 年 李元昊建西夏。
- 1041—1048 年 毕昇发明活字印刷术。
- 1043 年 范仲淹改革。
- 1044 年 宋夏庆历议和。
- 1069 年 王安石开始变法。

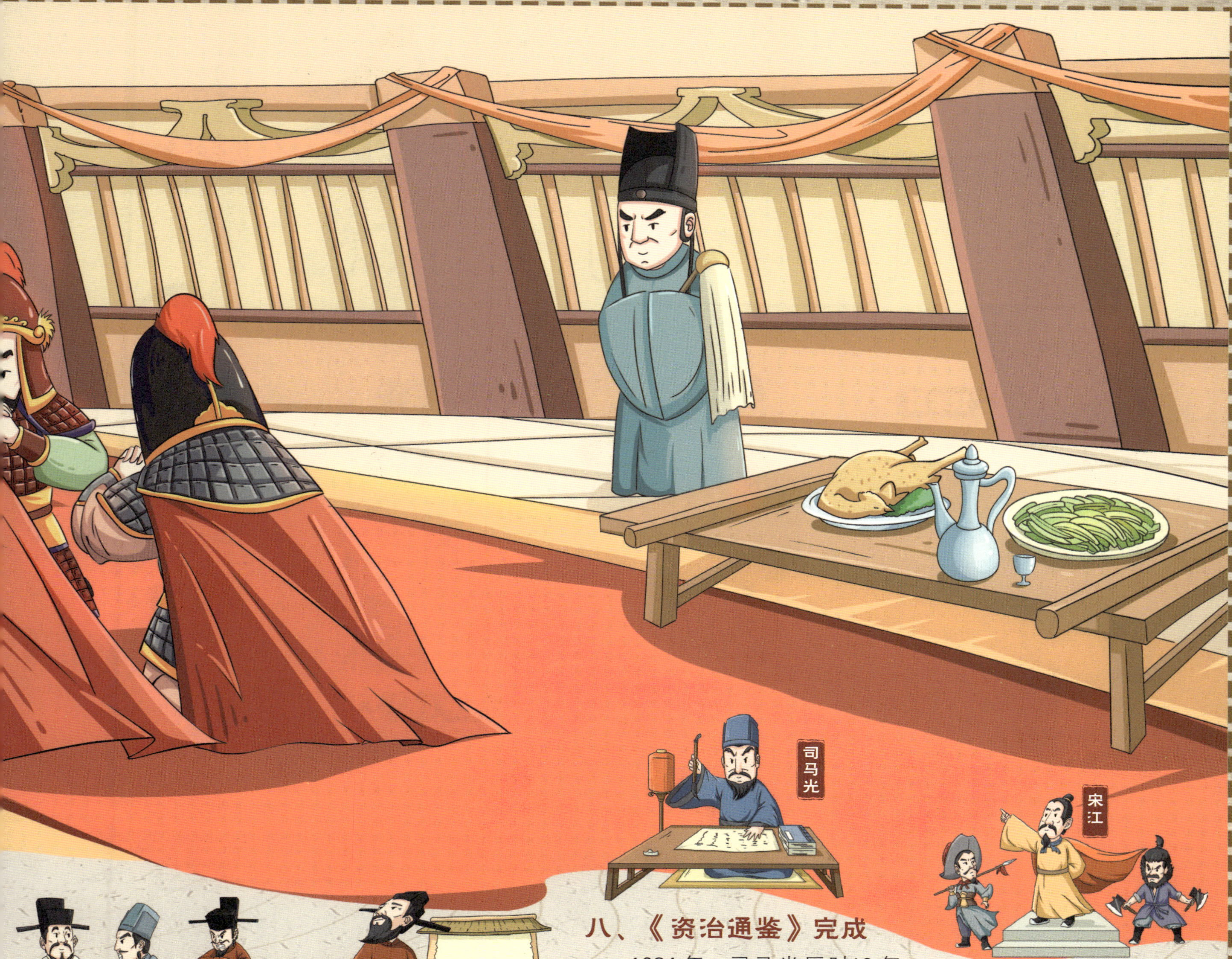

## 六、范仲淹改革

1043 年，范仲淹主持改革。宋仁宗虽然支持范仲淹，但改革侵犯到了很多贵族官僚（liáo）的利益，最终没能成功。

## 七、王安石变法

宋神宗期间，王安石推行旨在富国强兵的变法。但受到朝廷中保守派的打压，最终变法失败。

## 八、《资治通鉴》完成

1084 年，司马光历时19 年编撰的编年体史书《资治通鉴》完成。《资治通鉴》记录了从公元前403 年到公元959 年的历史。

## 九、宋江起义

北宋末年政治腐败，农民起义此起彼伏，宋江带领的起义军便是其中一支。

## 十、靖（jìng）康之耻

1127 年，金军攻破东京，俘虏了宋徽宗与宋钦宗，北宋灭亡。



1084 年
《资治通鉴》完成。

1115 年
完颜阿骨打建立金朝。

1119 年
宋江起义。

1125 年
金国灭辽。

1127 年
靖康之耻，北宋灭亡。

# 南宋

1127—1279年

代表帝王：宋高宗（赵构）、宋理宗（赵昀）。
都城：临安（今杭州）。
人口：约 8060 万人。

**文天祥**

南宋末年的名臣，赤胆忠肝，一心抗元，宁死不屈。

**李清照**

南宋女词人，婉约派代表人物，被誉为“千古第一才女”。

**铁木真**

大蒙古国的可汗，被尊称为“成吉思汗”，政治家、军事家。

**秦桧**

南宋奸相，因害死名将岳飞而遭到后世唾（tuò）骂。

**朱熹（xī）**

南宋时期著名的理学家，是“程朱理学”的集大成者，被尊称为“朱子”。

**南宋服饰**

南宋时期的服饰，以宽松的形制为主，面料多为丝质。

**罗盘针**

北宋的指南鱼虽然也能指明方向，但不够准确。南宋时人们在指南鱼的基础上，发明了罗盘针，能够更加准确地指明方向。

**白鹿洞书院**

始建于唐代，到南宋时期，因朱熹在此任职而名声大噪，成为“中国四大书院”之首。

**卢沟桥**

始建于南宋时期，因建于卢沟河上而得名。

**霹雳炮**

南宋时战场上常用的一种武器，杀伤力比较大。



- 1127 年：宋高宗赵构建立南宋。
- 1130 年：宋金黄天荡之战。
- 1134 年：岳飞北伐。
- 1138 年：宋高宗定临安府为行都。
- 1140 年：郾（yǎn）城大捷。

**长枪**

南宋时期比较流行的兵器，在步兵和骑兵中使用得比较广泛。

**狼牙棒**

打击兵器的一种，顶部有一个圆球，圆球上有钢刺。

**水师**

南宋的水师规模庞大，有十一支舰队，三千余名士兵。

**火锅**

南宋时期，火锅已经在民间流行起来。

**汤圆**

南宋时，元宵节就已经开始流行吃汤圆了。汤圆象征着团团圆圆、平安幸福。

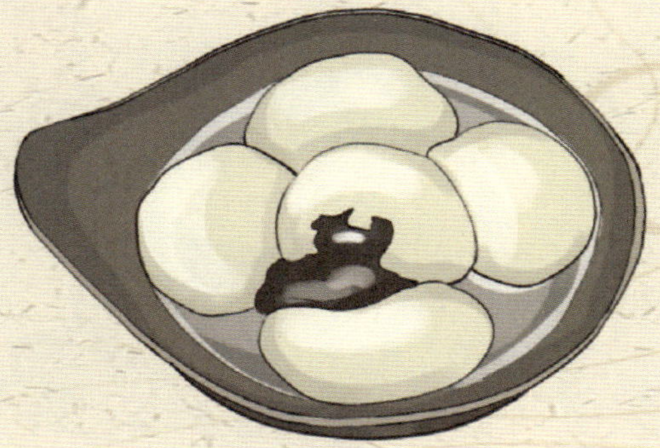

**租佃制**

南宋时期，拥有土地较多的地主往往将土地租给农民，收取租金。

**冰裂纹瓷**

南宋时期的一种瓷器，制作工艺复杂，失败率极高，因此非常难得。

**南宋西湖图**

南宋期间绘制的描绘西湖及其周边风景的画。

**市舶司**

南宋朝廷设立的管理海上贸易的官府，相当于现代的海关。

**梯田**

南宋时期人们运用梯田提升土地的利用率，从而提高粮食产量。



1141 年 绍兴和议。

1142 年 岳飞被害。

1165 年 宋金隆兴和议。

1206 年 铁木真建立大蒙古国。

1219 年 成吉思汗第一次西征。

# 南宋大事记

## 一、南宋建立

1127 年，宋高宗赵构在南京应天府称帝，建立南宋。

## 二、绍兴和议

1141 年，宋金两国达成协议，宋对金称臣，不仅割让土地，还向金进贡岁银。

## 三、岳飞之死

岳飞一生致力于抗金，但他手中的兵权一直为宋高宗所忌（jì）惮（dàn）。1142 年，绍兴和议后，赵构与秦桧联手，以莫须有的罪名将岳飞杀害了。

## 四、隆兴和议

宋孝宗在位时，为了不再受金国的欺压，决定与金国开战。奈何南宋军队战力太弱，最终失败。宋孝宗不得不与金国议和。

## 五、蒙古国建立

1206 年，铁木真建立大蒙古国，蒙古铁骑甚至踏平了亚欧大陆。

1227 年 蒙古灭西夏。

1233 年 宋理宗端平更化。

1234 年 宋蒙联军灭金。

1260 年 忽必烈继承王位。

1261 年 杨辉著《详解九章算法》。

## 六、宋蒙联军灭金

南宋联合蒙古国，合力对抗金国。1234 年，灭金国，南宋也报了靖康之耻的仇。

## 七、襄阳之战

金国灭亡后，蒙古国成了南宋的敌人。1267 年，蒙古国对南宋发动了安阳滩之战。1273 年，襄阳城破，南宋的最后一道防线也被元军攻破。

## 八、元军南下

1274 年，忽必烈决定要将南宋这块“硬骨头”啃下来，率军大举伐宋。

## 九、崖山海战

1279 年，元军将宋军逼到了崖山，宋军的残兵败将拼尽了最后一丝力气，依然战败了。陆秀夫背着南宋少帝赵昺（bǐng）投海自尽。至此，南宋灭亡。

1271 年 忽必烈改大蒙古国为大元。

1272 年 襄阳城破。

1274 年 元军出征日本。

1275 年 马克·波罗来到中国。

1276 年 元军攻破南宋都城临安。

1279 年 崖山海战，南宋灭亡。元朝统一中国。

# 元朝

1271—1368 年

代表帝王：元世祖（忽必烈）、元仁宗（爱育黎拔力八达）。
都城：大都（今北京）。
人口：约 9000 万人。

**元世祖（忽必烈）**

元朝的开国皇帝，很重视汉文化，在位期间重用汉族官员，重视农业和教育，是一位很有成就的帝王。

**马可·波罗**

意大利旅行家，元朝时来到中国游历，17 年后回国，著《马可·波罗游记》。

**马致远**

元朝著名的戏曲家，元曲的发扬者，是“元曲四大家”之一。

**马头琴**

蒙古族特有的一种弦乐器，琴头上雕有马头装饰，声音清悦。

**质孙服**

元朝比较流行的一种服饰。

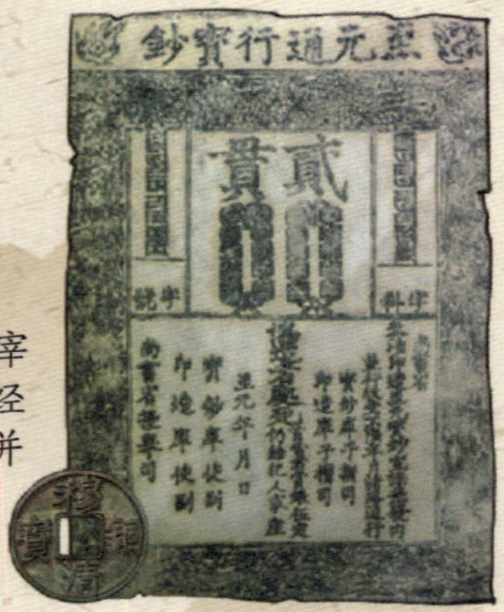


**元朝货币**

1349 年，元朝的宰相脱脱为解决当时的经济危机，采用了钱钞并用的政策。

**马奶酒**

元朝蒙古贵族饮品。

**火铳**

元朝军队的重要武器，是世界上最早的金属射击火器，杀伤力很大。

**富春山居图**

元代画家黄公望作。整幅画卷以富春江为蓝本，笔触细腻、景色写实，是中国十大传世名画之一。

**彩色套印**

元朝时，印刷技术进一步发展，出现了彩色套印，使书籍更有趣味性。



1281 年 元朝第二次远征日本。
1283 年 开凿济州河。
1293 年 京杭大运河全线通航。
1294 年 忽必烈去世。

**黄道婆**

元朝的纺织家，被后世誉为“布业始祖”。

**涮羊肉**

忽必烈出征在外时，非常想念家乡的清炖羊肉。于是，他利用现有材料，发明了涮羊肉。

**转轮排字盘**

毕昇的活字印刷术将中国的印刷术带入新的时代。元朝的王祯发明出了更加方便的转轮排字盘，方便检字。

**元曲**

元朝流行的一种戏曲类型，语言通俗易懂，很受民间百姓的喜爱。例如关汉卿的《窦娥冤》，就是比较有名的剧目。

**姑姑冠**

元朝蒙古族妇女流行的一种头饰。

**渎（dú）山大玉海**

元朝文物，是中国现存最早的特大型玉雕。

**《舆（yú）地图》**

作者是元朝地理学家朱思本，主要勾勒了当时中国和东亚一些国家的疆域，对后人研究当时的地理有很重要的借鉴意义。

**三锭脚踏纺车**

元朝用于织布的一种工具，传说是黄道婆发明的。

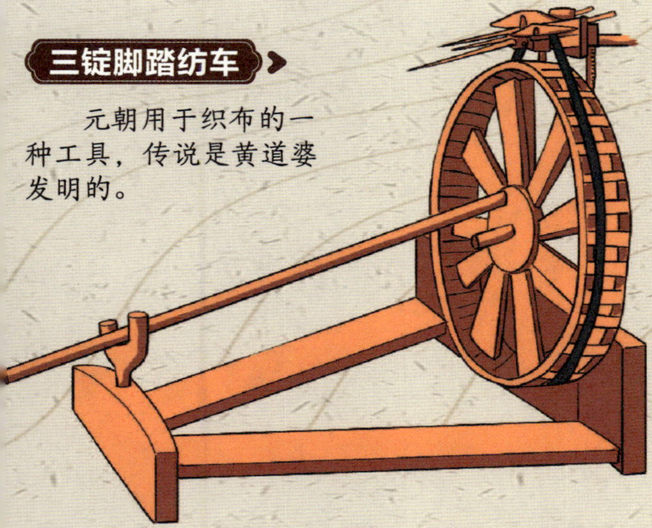

**蒙古包**

蒙古族的一种住房。因为蒙古是游牧民族，逐水草而居，这种住房搭建和拆除都比较简单，方便迁徙。

1309 年　窝阔台汗国被瓜分。

1314 年　元仁宗恢复科举制。

1320 年　元英宗继位，推行汉化运动。

1323 年　《大元通制》颁布。

# 元朝大事记

## 一、元朝建立

1271 年，忽必烈将“大蒙古国”改成“大元”，元朝正式建立。

## 二、马可·波罗东游

忽必烈在位时期，意大利旅行家马可·波罗跟随父亲来到中国，17 年后才返回自己的家乡。

## 三、京杭大运河全线通航

元朝时，京杭大运河实现了全线通航，漕（cáo）船可以通过运河，从杭州直抵大都，大大降低了时间成本。

## 四、仁宗之治

元仁宗在位期间，整顿吏治，重用汉臣，恢复了元朝一度荒废的科举制度，选拔了很多有才能的官员。

1323 年 南坡之变。

1329 年 元文宗设立奎（kuí）章阁学士院。

1331 年 《皇朝经世大典》修成。

1351 年 红巾军起义。

## 五、瓜分窝阔台

元朝与察合台汗国联手，一起攻打窝阔台汗国。最终，窝阔台汗国的首领向元朝投降，窝阔台汗国的土地被元朝和察合台汗国吞并。

## 六、《大元通制》完成

元英宗下令编修《大元通制》，1323 年编成并颁行。这是元朝颁布的一部重要法典。

## 七、南坡之变

元英宗继位后实行了一系列的改革。改革侵犯了一些奸臣的利益。这些人相互勾结，在元英宗外出时将他杀害。

## 八、红巾军起义

1351 年，红巾军起义爆发。红巾军中有一个人，名叫朱元璋。这次起义为朱元璋后来推翻元朝的统治奠定了基础。

## 九、扩大版图

成吉思汗时期，蒙古铁骑踏平了亚欧大陆；忽必烈在位时，对日本、越南、缅甸等国家发动了多次战争。元朝的版图一度达到了一千三百多万平方千米，是中国历史上领土面积最大的王朝。



**1357 年** 福建番客暴乱。

**1368 年** 朱元璋称帝，元惠宗建立北元。

**1402 年** 北元灭亡。

# 明朝

1368—1644 年

代表帝王：明太祖（朱元璋）、明成祖（朱棣）、明宣宗（朱瞻基）。
都城：北京。
人口：约 2 亿人。

**明太祖（朱元璋）**

明朝的开国皇帝，出身草根，早年间给地主家放过牛，出家当过和尚。后随红巾军起义，于1368年建立大明王朝。

**明成祖（朱棣）**

明太祖朱元璋的第四子。朱元璋死后，将皇位传给了孙子朱允炆（wén），但朱允炆的削藩政策激怒了朱棣，朱棣起兵将朱允炆赶下皇位，自立为帝。

**郑和**

明朝著名的航海家，曾七次下西洋，对中外经济、文化的交流起到了促进作用。

**徐霞客**

明朝的地理学家，历时四十余年，游历了中国的大江南北，写下《徐霞客游记》。

**戚继光**

明朝伟大的民族英雄，穷其一生致力抗倭。

**宋应星**

明朝著名的科学家，编著了《天工开物》，此书被后世誉为“中国 17 世纪的工艺百科全书”。

**景泰蓝**

又叫“铜胎掐丝珐（fà）琅（láng）”，因为在烧制时所用的珐琅釉以蓝色居多，所以得名“景泰蓝”。

**宣德炉**

一种铜制香炉，由明宣宗朱瞻基亲自参与设计，非常珍贵。

**万历金冠**

万历皇帝明神宗朱翊（yì）钧在位时所戴的金冠，代表着明朝最高超的缕织工艺。

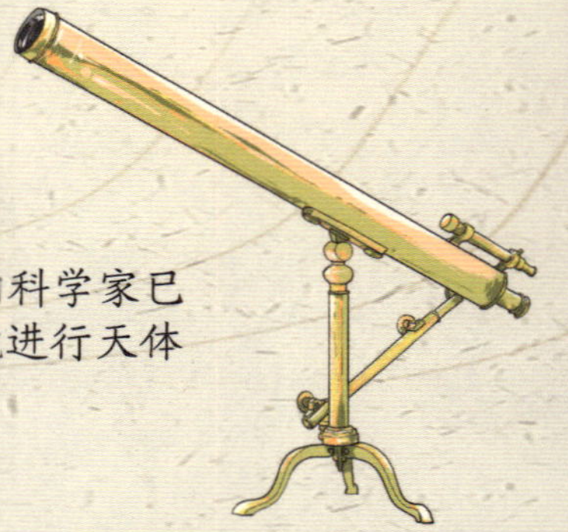

**望远镜**

明朝时的科学家已经使用望远镜进行天体观测了。



1368 年 明朝建立。

1374 年 《大明律》颁布。

1380 年 朱元璋废丞相制度。

1381 年 改国子学为国子监。

1382 年 朱元璋设锦衣卫。

## 明长城

为了抵御北方少数民族的侵扰，明朝从朱元璋时期便开始修筑长城。

## 山海关

朱元璋在位时，下令加强修筑山海关，提升国家的防御体系。山海关也被誉为“明朝第一雄关”。

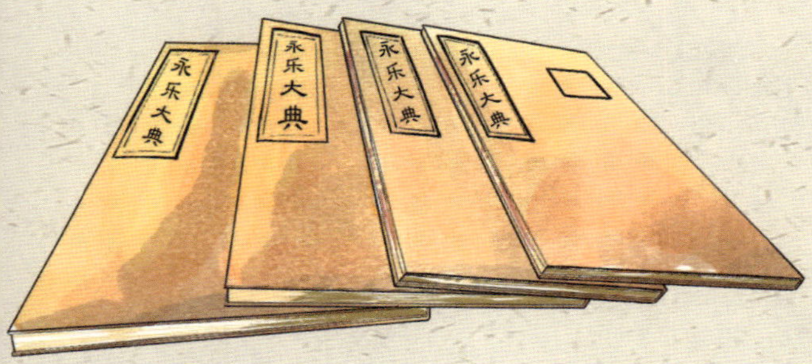


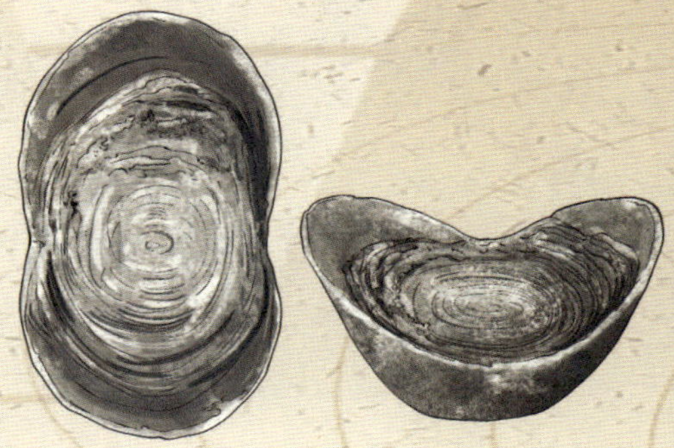

## 明小说

明朝的小说发展繁荣，四大名著中《三国演义》《西游记》和《水浒传》都是明朝写就的。

## 《永乐大典》

由朱棣下令编纂，是中国第一部百科全书式的文献合集。

## 明朝货币

明朝时期，主要的货币已经变成了白银和黄金。

## 徽商

明朝的徽商已经发展到鼎盛时期，是中国三大商派之一。

## 明朝官服

明朝的官服有大襟、斜领、宽袖等特点。

## 郑和宝船

明朝的造船业非常发达，郑和下西洋时，中国已经拥有全世界最大的木质帆船了。

## 显微镜与放大镜

明朝时期，光学仪器制造家孙云球已经制作出了当时很先进的显微镜与放大镜了。

## 拙政园

中国四大名园之一，位于苏州，始建于明朝。



**1393 年** 朱元璋借“蓝玉案”诛杀功臣。

**1399 年** 靖难之役。

**1402 年** 朱棣称帝。

**1403 年** 朱棣改北平为北京。

**1405 年** 郑和第一次下西洋。

# 明朝大事记

## 二、废止丞相

明朝初期，开国功臣胡惟庸任丞相一职，但他专权跋（bá）扈（hù），不考虑国计民生，朱元璋一气之下将胡惟庸下狱，并废除了丞相一职，进一步加强了皇权。

## 三、靖难之役

朱元璋去世以后，他的孙子朱允炆继位，并大张旗鼓地削藩。燕王朱棣深感自己的权力和地位不保，在1399年起兵，以“靖难”的名义率军攻进了应天府。

## 四、郑和下西洋

从 1405 年到 1433 年，郑和七下西洋，到达了三十多个国家和地区，极大地增进了中国与这些国家和地区的相互了解，开创了西太平洋与印度洋之间的亚非海上交通线，为人类航海事业做出了伟大贡献。

## 五、土木堡之变

因为瓦剌（là）多次对明朝的边境进行侵犯，明英宗朱祁镇决定亲率二十万大军出征，但兵败被俘。

## 六、南宫复辟

明英宗被俘虏后，明朝众臣拥立明英宗的弟弟明代宗。后来，瓦剌将明英宗放了回来，明代宗将他囚禁在南宫。1457 年，大将石亨等人拥立明英宗复位。

## 一、明朝建立

1368 年，朱元璋自立为帝，定国号为大明，带领反元军队攻陷大都，灭元朝。

1408 年 《永乐大典》完成。

1420 年 朱棣设立东厂。

1421 年 正式迁都北京。

1431 年 郑和第七次下西洋。

1435 年 宦官专权。

## 七、壬寅宫变

明世宗在位期间，不问政事，一心求仙，还苛待宫人，宫女们心怀怨恨。1542年，数十名宫女决定密谋杀掉明世宗，但最终失败了。

## 八、葡萄牙人获得澳门租借居住权

1553 年，一部分葡萄牙人在澳门定居，但当时明朝没有给他们在澳门居住的权利。直到1573 年，葡萄牙人获得在澳门的租借居住权，但澳门的领土主权仍属中国政府。

## 九、朝鲜之役

1592 年，日本对朝鲜发动战争，明朝派兵帮助朝鲜。战争分两个阶段，第一阶段以双方议和结束；第二阶段明朝胜利，日本元气大伤。

## 十、荷兰殖民者侵入台湾

1601 年，荷兰殖民者先后用武力镇压、贿赂政府等手段，试图侵占台湾。最终，在1624 年，荷兰殖民者占领了台湾南部沿海地区。

**1449 年** 土木堡之变。

**1457 年** 夺门之变，南宫复辟。

**1477 年** 明宪宗朱见深设西厂。

**1506 年** 王阳明被贬。

**1542 年** 壬寅宫变。

# 明朝文化

## 紫禁城

明成祖朱棣登基以后，命人以南京宫殿为蓝本，营建北京宫殿。建成后的北京宫殿成为明清两代皇家的主要居所，又称“紫禁城”。

## 东厂

明朝独有的监察机构，也是特务机关。最早由明成祖朱棣设立，主要首领多为宦官。明朝后期，东厂和锦衣卫并立，但前者的权力更大。东厂地位的超然在很大程度上导致了宦官专权，加速了明朝的灭亡。

**1550 年** 鞑（dá）靼（dá）兵在京师附近焚掠八日，史称庚戌之变。

**1573 年** 葡萄牙人获得澳门租借居住权。

**1592 年** 朝鲜之役。

**1616 年** 努尔哈赤建立大金。

**1622 年** 白莲教起义。

## 李时珍和《本草纲目》

李时珍是明朝著名医学家。他出身于医药世家，从小就对医药学有浓厚兴趣，成年后随父行医。他发现很多药物书中存在错误，而且记载得不够完整。于是，他决心写一部新的药物学著作。李时珍借鉴了大量医书，结合自己的亲身实践，历时27年，终于著成了《本草纲目》。

## 明朝小说的发展

唐朝人爱诗、宋朝人爱词、元朝人爱曲，发展到了明朝，小说这种文学体裁开始流行起来，并出现了空前繁荣的盛况。

## 锦衣卫

明朝的情报机构，主要首领是皇帝亲信的武将，直接听命于皇帝，处于司法机关之外。锦衣卫主要负责侦查秘密案件、审问重要人犯等事项，有时候也会收集军事情报。锦衣卫与东厂一样，在明朝拥有超然的地位，可以随意逮捕百姓和大臣。

1624 年 荷兰殖民者侵入台湾。

1625 年 明熹宗毁全国书院。

1626 年 宁远之战。

1629 年 己巳之变。

1644 年 李自成农民军攻占北京，建大顺，明朝灭亡。

# 清朝

**1636—1912 年**

代表帝王：清太祖（努尔哈赤）、清太宗（皇太极）、康熙、乾隆。
都城：北京。
人口：约 4.36 亿人。

**康熙**

清圣祖爱新觉罗·玄烨（yè），在位 61 年，是中国在位时间最长的一位皇帝。康熙少年继位，平三藩、灭鳌（áo）拜、收复准噶尔，功勋卓著。

**雍正**

清世宗爱新觉罗·胤禛，是康熙帝的第四子，九子夺嫡的胜利者。虽然雍正在位时间只有 13 年，但他十分勤勉，将国家治理得井井有条。

**慈禧**

孝钦显皇后叶赫那拉氏。1852 年被选为咸丰的嫔妃，后来生下同治。咸丰去世以后，她成为清朝实际的掌权者。

**宣统**

爱新觉罗·溥仪，清朝的末代皇帝，继位时仅 3 岁。

**吴三桂**

本是明朝重臣，后来投降清朝，带领清兵入关，被清朝封为平西王。

**郑成功**

明末清初的军事家，因功勋卓著，被明朝隆武帝赐国姓。明末致力于抗清。1662 年收复台湾。

**林则徐**

清朝的民族英雄，最著名的事迹是虎门销烟。

**李莲英**

慈禧身边的太监总管，深得慈禧信任。当时的李莲英在宫中可谓“只手遮天”。

**《康熙字典》**

成书于1716 年，是一部运用部首分类法查字的字典，共收录了四万多个汉字。

**掐丝珐琅**

清朝时，人们对掐丝珐琅这种工艺十分偏爱，因此，清朝掐丝珐琅的制作工艺十分高超，产生了很多精品。

- **1636 年** 皇太极改国号为大清。
- **1644 年** 吴三桂领清军入关。
- **1662 年** 郑成功收复台湾。
- **1669 年** 康熙废除“圈地令”。
- **1681 年** 康熙平定三藩之乱。

**金编钟**

制作于乾隆年间，是一套礼器，主要用于比较重大的典仪场合。

**剃发**

清朝政府的一种治民政策，要求所有民族都要改成满族人的发型。

**四库全书**

乾隆下令编撰的图书集，总撰官为纪晓岚。整部书分为经、史、子、集四部，因此得名“四库全书”。

**京师大学堂**

创办于1898年，是中国近代史上第一所国立大学，也是北京大学的前身。

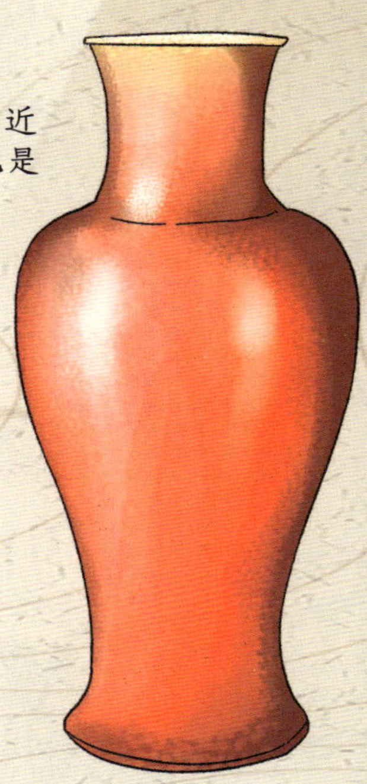

**郎窑红瓷器**

清朝特有的一种瓷器，是中国非常名贵的传统红釉之一。

**鼻烟壶**

清初，鼻烟这种烟草制品从欧洲传入中国，各种各样的鼻烟壶也流行开来。

**黄马褂**

清朝皇帝赏给功臣的一种特殊荣誉。

**承德避暑山庄**

始建于1703年。因为北京夏天闷热，清朝皇帝营建承德避暑山庄用于避暑。

**太和殿**

又叫金銮（luán）殿，是清朝举行重大典礼的场所。



1683年 清廷收复台湾。

1684年 设置台湾府。

1689年 中俄《尼布楚条约》签订。

1716年 《康熙字典》成书。

1727年 清廷在西藏设驻藏大臣。

# 清朝大事记

## 一、皇太极建大清

1636 年，皇太极即皇帝位，定国号为大清。

## 二、平定三藩

康熙在位时，三藩威胁皇权，于是，康熙帝决定削藩。吴三桂等人听到消息后起兵造反，但被康熙镇压，三藩之乱被平定。

## 三、虎门销烟

1839 年，林则徐奉命在广东虎门将缴获上来的鸦片采用海水倒灌的方法集中销毁。这一举动极大地打击了对华倾销鸦片的英商的嚣张气焰。

1757 年　清朝统一天山北路。

1762 年　清廷设伊犁将军。

1770 年　白莲教起义。

1771 年　土尔扈（hù）特部回归祖国。

1772 年　《四库全书》开始编撰。

1839 年　林则徐虎门销烟。

## 四、鸦片战争

1840 年，英国对中国发动了鸦片战争，最终中国战败，被迫签订了《南京条约》。中国从此开始沦为半殖民地半封建社会。

## 五、太平天国运动

1851 年，洪秀全发动了金田起义，建太平天国。1853 年，定都天京（今南京），太平天国运动达到了高潮。1864 年，太平天国运动宣告失败。

## 六、辛酉（yǒu）政变

咸丰去世之后，慈禧的儿子同治继位，由八大顾命大臣辅政。慈禧为了掌控朝政，联合恭亲王将八大顾命大臣一一除掉，从此垂帘听政。

## 七、中日甲午战争

1894 年，中日甲午战争正式爆发，北洋水师虽然倾尽全力依然没能挽回败局。中国战败，被迫与日本签订了丧权辱国的《马关条约》。

## 八、戊戌变法

1898 年，以康有为和梁启超为首的维新派人士发动了戊戌变法。但变法只维持了百日便以失败告终。

## 九、八国联军侵华

1900 年，八国联军侵入北京，无恶不作，中国百姓陷入了水深火热之中。八国联军逼迫清政府签订了《辛丑条约》，从此，中国彻底沦为半殖民地半封建社会。

## 十、武昌起义

1911 年，中国的革命党人在武昌发动起义，推翻清朝统治，建立中华民国。



**1840 年** 鸦片战争爆发。

**1842 年** 《中英南京条约》签订。

**1851 年** 洪秀全发动金田起义。

**1856 年** 第二次鸦片战争爆发。

**1860 年** 《天津条约》《北京条约》相继签订。

# 清朝文化

## 圆明园

清朝最壮观的皇家园林，被誉为“万园之园”。最早营建于 1709 年，清朝的几代帝王都对其进行过扩建和翻修，规模极其宏大。可惜后来被英法联军洗劫并焚毁，如今我们只能看到圆明园的断壁残垣（yuán）。

## 八旗制度

清代满族的一种社会生活军事组织形式。八旗分别为正黄、正白、正红、正蓝、镶黄、镶白、镶红、镶蓝。平时皆民，战时皆兵，起初具有极强的战斗力。八旗子弟在清朝的待遇很高，这也导致后来他们荒废骑射，成了纨（wán）绔（kù）子弟。清朝后期，八旗制度成了导致清王朝走向衰落的因素之一。



1861 年 辛酉政变，洋务运动开始。

1864 年 太平天国运动失败。

1894 年 中日甲午战争爆发。

1895 年 《马关条约》签订。

1898 年 戊戌变法。

### 京剧

中国的传统剧种之一，形成于清朝，并在宫廷中迅速发展。由于京剧融合了昆曲、秦腔、民间曲调等元素，所以京剧传入民间以后，民间百姓对它的接受程度很高。现在，京剧已经发展成为中国的“国粹”。

### 《红楼梦》

清朝作家曹雪芹所著，与明代小说《三国演义》《水浒传》《西游记》并称“四大名著”。相比于其他三本，《红楼梦》的艺术成就更高，现代甚至有很多人穷其一生研究《红楼梦》，并诞生了一门专门研究《红楼梦》的学问——红学。

### 京张铁路

1905 年，詹天佑主持修建了第一条由中国人自己设计并修建的铁路，名为“京张铁路”。这条铁路经历了清朝末年的重重战火，依旧挺立，是对中国人不屈精神的最好诠（quán）释。

### 扬州八怪

清朝康乾年间活跃在扬州地区的一批风格相同的书画家总称，由金农、郑燮等八人组成。他们主张流露真情，抒发个性，力求创新，不落俗套，在写意花鸟方面有较高成就，人物画次之。



1900 年 八国联军进北京。
1901 年 《辛丑条约》签订。
1905 年 中国同盟会成立。
1911 年 武昌起义。
1912 年 孙中山就任中华民国临时大总统；溥仪退位，清朝灭亡。